Angela Merkel

Die Kanzlerin und ihre Welt

Stefan Kornelius

默克尔传

德国总理安格拉·默克尔和她的权力世界

［德］斯蒂凡·柯内琉斯◎著
杨梦茹◎译

中信出版社 · CHINACITICPRESS · 北京 ·

图书在版编目（CIP）数据

默克尔传 /（德）柯内琉斯著；杨梦茹译. —北京：中信出版社，2015.1（2022. 5 重印）
书名原文：Angela Merkel: Die Kanzlerin und ihre Welt
ISBN 978–7–5086–4804–0
I. 默… II. ① 柯… ② 杨… III. 默克尔 – 传记 IV. K835.167=6
中国版本图书馆CIP数据核字（2014）第 214204 号

默克尔传

著　者：[德] 斯蒂凡 · 柯内琉斯
译　者：杨梦茹
策划推广：中信出版社（China CITIC Press）
出版发行：中信出版集团股份有限公司
（北京市朝阳区惠新东街甲 4 号富盛大厦 2 座　邮编　100029）
（CITIC Publishing Group）
承 印 者：北京通州皇家印刷厂

开　本：787mm × 1092mm　1/16　　印　张：18.75　　字　数：176 千字
版　次：2015 年 1 月第 1 版　　印　次：2022 年 5月第13 次印刷
京权图字：01–2014–6115
书　号：ISBN 978–7–5086–4804–0/K · 412
定　价：59.00 元

Angela Merkel Die Kanzlerin und ihre Welt

目 录

Angela
Merkel
Die Kanzlerin
und ihre Welt

第1章

登上国际舞台

默默扛起欧洲的铁娘子

安格拉·默克尔担任总理8年就抵达了权力的高峰，位居欧洲最大也是最富裕国家的最高位，已然迈入第三个任期。默克尔顺利领导政党，党内几乎没有异议；她成功主掌内阁，部长大多效忠与顺服。她以忽视的态度来惩罚反对势力，在公开场合享有很高的人气。在她之前的总理，从未在执政第7年仍获得如此好的民众口碑：我们国家的经济还不赖；德国已经成为邻国的标准，内部没有真正的大问题。

担任总理的第8年，默克尔已拥有全球性的影响力，是目前少数几位在位最久的国家政府领导人之一。与她同时代的欧盟领袖中，只有卢森堡前总理容克治理国家的时间比她长。欧盟执行委员会前主席巴罗索比她早一年上任——也多亏有她的协助。默克尔在任期内已历经两任美国总统（前为小布什，后为奥巴马），而且他们的前任（里根、老布什)，她也至少都有过一面之缘。她与俄罗斯总统普京之间，像是进行着兔子和刺猬的赛跑[1]，看看谁在位更久——世界上众多国家领导人之中，也唯有普京这样与她长相左右、激烈竞争。默克尔也经历了中国的权力转换，热切期待与新的领导班子会面，因为她想比较一下，新的当权者与她熟悉的前面几位有何不同。

默克尔对近东地区的和平进程贡献很大，更是与以色列产生了一种深入、细腻，甚至可以说是颇有感情的关系。当然，这跟德国的历史有关，但也可以看出她以个人风格建立起的一种国际关系，这样的国际关系除她之外，别无分号。现在，阿拉伯国家排山倒海般的重大事件，压得她喘不过气来，也让她谨慎地眺望着近东地区，关注着这个希望追求自由，却又在清真寺门前停下脚步的动荡社会。关于自由，默克尔略知一二——她本身就是一个追求自由的传奇，但她总是谨慎行事，因为每一种悲怆激昂都让她心生畏惧。对她来说，自由其实是非常个人的事情：想要尽情发展、挑战极限、发现新疆界、了解、征服——这些特质清楚勾勒出一位在民主德国成长的女性，她将志向和才华隐藏了35年之后，仍怀有对自由的渴望。看来，她对自由的饥渴尚未获得满足。

默克尔在总理任期的第8年，再一次抵达权力的巅峰——之前已经有数次机会，让她有可能攀登至顶点，分别是：在她首次当选总理、条

① 出自《格林童话》，故事中兔子不断找刺猬赛跑，一共比赛了74次。——译者注

理分明地治理了几周国事之后，与社会民主党（后称社民党）结盟之后，度过 2008 年的金融危机之后。尽管外界一再臆测她已经抵达了职业生涯的高峰，但默克尔不相信这种直线型的登高。对她来说，政治如同一场零和博弈，它自始至终就是一连串的非正即负，一连串的不成功便成仁。

问题就在这儿：对成功与失败的评断，不是以一次结盟是否稳定坚实、选民的满意度，或是国际往来的频率为标准的。这些评断标准都错了，正确的标准是：事件。有人问英国前首相哈罗德·麦克米伦，是什么使得政府失控，他答道："事件，亲爱的，是事件。"默克尔同样背负着这样的历史重担，而决定她成败的就只有一件事：危机。

女总理的主题曲：危机

默克尔并未主动寻找危机，是危机找上了她。危机就像是神话中的怪兽，它有点儿像九头蛇，又有点儿像地狱三头犬。它通常都以金融危机的形象出现，突变为令人厌烦的世界危机，最后再化身成欧洲危机。同一时期隐于其后的，还有很多足以导致巨大伤害的问题：债务危机、成长与竞争问题，以及最终的货币灾难。如果欧元瓦解，欧洲各国将因重返原有的货币体系而崩溃，危机便会上演。欧洲的经济和财政管理也会出现疲态，要是货币与银行、工商企业以及储蓄全都跌入深渊，也不会让人感到意外。这种情景令人胆战心惊：储户挤兑、银行破产、整体经济分崩离析，出口碰壁、高失业率、社会动荡、激进党派骤增，甚至整个欧洲政治都会崩溃——这不禁让人联想到当年《凡尔赛和约》下的德国。这些景象让人察觉到危机在历史上的分量，各种毁灭可能造成的后果即将开始发威。

这些毁灭性的危机找上了默克尔，她的政治任务就是避免毁灭。默克尔没有前总理赫尔穆特 · 科尔那么幸运，在一个民泰国安的时期治理德国。科尔碰到了大好时机，也适逢欧洲自由革命的正向动力，胜券在握地将德国带向统一，并让欧洲重新繁荣起来。相反，默克尔是在指挥一场防御战，与衰退奋战不休。她无法向民众承诺繁花似锦的前程，只能尽力抵抗，不让欧洲陷入绝境。

危机正是默克尔总理任上的主题曲，康拉德 · 阿登纳巩固了联邦德国在西方世界的势力，实行兼顾社会公平与市场经济的政治模式。威利 · 布兰特踏出与民主德国缓和关系的第一步，科尔则以统一后德国总理的身份留名史册。默克尔也有她的历史主题曲，这使她变得强大。我们必须说：这场危机对她而言是一件好事，要是没有危机，她这个总理便也失去了价值。现在她有机会位居伟大国家领导人之列，她的决定牵动德国的命运，也牵动整个欧洲。这让她变得重要，也让她拥有权力。正因如此，默克尔再一次来到了创造力之穹顶。

她在欧洲政治圈的影响力不断扩张——在布鲁塞尔峰会上与法国总

统会面，并且出访雅典。默克尔崛起于欧洲，成为政治上的独行侠。这点可以从她个人的稳定力量中观察出来，欧洲大陆能否解决自身的问题，似乎全在于她一人。我们还可以从其他地方，观察到这股扩张中的权力：其一是各国领袖频频造访柏林，其二是她在华盛顿和北京备受关注，其三则是她所承受的扭曲和妖魔化。

危机使她成为欧洲的女主角

4 年的危机让默克尔成为政治刊物封面故事的女英雄："默克尔神话"、"败选的领袖"、"欧洲女士"、"沮丧的母亲"、"小心，默克尔来了"。你想得到的各种陈词滥调全都有。默克尔对此一笑置之。例如，英国《经济学人》杂志刊登过这样一幅漫画：一艘名为"经济"的船在海面上行驶，眼看就要沉没了，这时桥上有一个哀求的声音问道："请问，默克尔女士，我们现在可以开船了吗？"

还有一些"幽默"则让人笑不出来：默克尔留着希特勒式的小胡子，平胸；波兰的卡辛斯基双胞胎兄弟[①]在吃奶；默克尔的肩膀淌着血；默克尔扮成性虐待游戏中的施虐者，把苦苦哀求的西班牙总理踩在靴子底下。还有英国政论杂志《新政治家》，它将这位女总理描绘成具

① 弟弟莱赫 · 卡辛斯基于 2005~2010 年担任波兰第三共和国第四任总统，哥哥雅罗斯拉夫 · 卡辛斯基于 2006~2007 年担任波兰总理。——译者注

有魔鬼终结者的脸孔和机器人的眼睛，又在报道中把默克尔描写成威胁世界安定的危险人物——可想而知，她被认为是与希特勒一样的人。默克尔不是被说成无赖，就是与罗马暴君尼禄相提并论。

至于法国保守的《费加罗报》则是把这种另类想法转变为：法国要不就归属日耳曼占优势的北方，要不就即将成为“次等国家中的一员”，即泛日耳曼主义者口中的“欧猪”国家（PIGS）。泛日耳曼主义者，不就是德国人和他们的盟国吗?

这位女总理的特殊处境，在联邦德国史上前所未见，之前从没有哪一位总理在外交上扮演着如此重要的角色。即便是科尔，大家也不过是认同他在历史上的非常时刻，为德国争取利益，此外无他。相反，默克尔被委以重任，要拯救这个濒临瓦解的大洲。德国的目标并不是挽救欧洲，却在非自愿的情况下，赢得了举足轻重的国际地位。过去几十年中，德国一再对这种地位敬谢不敏，所以这种结果对德国人而言既新鲜又陌生。

历史经验告诉我们，欧洲不太能忍受有一位独行侠位居中心。德国迅雷不及掩耳之势的复苏，也唤醒了欧洲人既定的偏见，由此可见，德国在欧洲的特殊处境有多么微妙而棘手。这个国家习惯于将权力分散至整个欧洲，让自己融入“后国家时代”的团结之中。德国宪法《基本法》（Grundgesetz）及“二战”后同盟国的历史，为此提供了多重保障，很适合用来控制这个庞然大物。所以科尔保证，统一后的德国绝对会巩固欧洲的稳定。1992 年，德国签订《马斯特里赫特条约》(《欧洲联盟条约》)，放弃德国马克，其出发点也是为了使用单一的欧洲货币。然而，欧洲战后史的基本常数却在一瞬间发生了变化，砝码开始滑动。

忍受质疑，扛起欧洲重担

此时，默克尔已成为众人瞩目的焦点：这位蛰伏已久，不到半个世纪就占据德国基督教民主联盟（CDU）领导地位的女士是谁？这位几乎从未引起他人注意就登上欧洲领袖地位的女政治家是谁？多年以来，德国国内不断讨论着默克尔这个谜一样的人物，试着解析她的性格和内心世界。现在，全世界都想知道：她的政治知识是从哪儿学来的？她怎么看待这个世界？她有哪些价值观和准则？大家对她的兴趣有增无减，而默克尔自己倒是挺高兴的，这也是她能够再一次抵达穹顶的原因之一。这一回是这位外交家、国家领导人主动希望被大众剖析。如果有人将德国的权势与利益视为威胁，她又将如何与之周旋？这位女士虽然让人觉得德国的强盛是可以容忍的，但这种强盛会持续下去吗？

默克尔背负着这个重担，当然，她也很享受这股新的力量，因为她深信由她主导的规则与结构变化对欧洲有好处。但是她尚未提出答案，因为她想摆脱俾斯麦之前的窘境：若要成为欧洲的霸主，德国太小了；若要成为均衡力量，德国又太大了。也就是说：若要融入欧洲的结构，德国过于强大；若要把自认为正确的政策强加给其他国家，德国又太弱了。历史学家把这种情况称作“半霸权”，这种状态对于一个国家而言不是十分理想。

于是默克尔处在欧洲的顶尖位置上，被沉重无比的责任压得透不过气来，但还得马不停蹄地进行防御战，化解外界认为她想把欧洲德国化的疑虑。欧洲历史上的恩恩怨怨、长年累积的敌意，沉甸甸地压在她的肩上。也许早在她坐在奥斯陆市政厅观礼之前，就已想到诺贝尔和平奖会颁给欧盟了。

已经乐享清闲的美国加州前州长阿诺德 · 施瓦辛格称，默克尔是地球上最有权势的女性。假使还需要什么东西来证明这位德国女总理的新权势，那么美泰公司（Mattel）可以提供这个证明：一个以她为模特儿的芭比娃娃。对相信“一切都将梦想成真”的女孩来说，默克尔真是一位典范。说真的，默克尔觉得自己称不上模范，她办公室里银色画框中的女主角才是——叶卡捷琳娜二世。这位女统治者在俄国实施了开明专制，却也是一个肆无忌惮的帝国主义者。叶卡捷琳娜二世热爱权力游戏，改信东正教，继承了一个俄国名字，为了扩张权力不惜利用男人。有位记者送给默克尔这幅肖像画，从此她就把它挂在了办公室里。默克尔不做过多解释，她只是欣赏叶卡捷琳娜二世能够集女性和改革者于一身这一点，没有别的意思。这位俄国女沙皇的统治长达 34 年之久，这也是默克尔难以企及的一条漫漫长路。

Angela
Merkel
Die Kanzlerin
und ihre Welt

第2章

少女时代

游历多国，打开国际视野

安格拉的童年生活很简单，她跟父母、弟弟、妹妹住在前面有工厂和一条街道的瓦尔德霍夫（Waldhof）。瓦尔德霍夫混杂了商业建筑和一般住宅，有仓库和工厂，坐落于诗情画意的德国中部小城滕普林（Templin）。有时，小安格拉会走过马路等父亲回家，最远走到一家商店那里，不过通常半路上就会遇见父亲。“再远一点儿我就不敢走了，”她说。这个小女孩既没上托儿所，也没上幼儿园，而且很怕马，这就是她对童年的最初回忆。1957 年，教会委托她父亲霍斯特·卡斯纳（Horst Kasner）负责一所学校的扩建工程，并且主持校务。这后来成为一个牧师讲座，助理牧师和牧师会到瓦尔德霍夫进修几个星期或者上布道的课。对柏林–勃兰登堡教区而言，瓦尔德霍夫这个牧师讲座非常重要，可以说在那段时间内，这个教区的每一位牧师都会从霍斯特那里学到一些东西。

霍斯特与赫琳德（Herlind）在汉堡结婚，他们的第一个女儿安格拉也于1954年7月17日在汉堡诞生。安格拉的妈妈赫琳德1928年生于但泽，那时但泽还由国际联盟管辖，称为但泽自由市。不知为什么，毗邻的埃尔宾一再被视为她母亲的出生地，但是她的外公与外婆其实只在那里住过几年。

1/4个波兰人

安格拉的爸爸霍斯特于1926年在柏林出生，他的家庭故事比较复杂，其先祖深刻经历了德国与波兰之间种种的历史决裂。1896年，安格拉的祖父路德维希（Ludwig）在波兰的波森出生，不过他不姓卡斯纳，而是姓卡茨米尔察克（Kazmierczak）。卡茨米尔察克家和这个省的大部分居民一样，都跟波兰有很深的渊源。自从1793年波兰第二次被瓜分之后，这座城市以及这个区域就沦为多次割让以及不同统治者各有所求的牺牲品。安格拉的祖父出生时，波森还是德意志帝国的一部分，因此路德维希是正式的德国公民。第一次世界大战及《凡尔赛和约》签订后的1919年，波森重新归属于波兰。之后几年，身为少数族裔的德裔居民纷纷迁出这个区域，路德维希也离开家乡，踏上前往柏林的路，把一部分家人留在波森。他在柏林结识了日后的妻子玛格丽特，1926年儿子霍斯特出生了。直到1930年，路德维希才决定改成德国人的姓，从此以后都说自己姓卡斯纳。所以安格拉的父亲霍斯特 · 卡斯纳其实 4 岁前叫作霍斯特 · 卡茨米尔察克。假如祖父没有改姓，那么安格拉 · 默克尔就会以安格拉 · 卡茨米尔察克之名诞生于这个世界上①。祖父后来在柏林潘科区担任警察，1959 年过世，彼时 5 岁的安格拉对他完全没有印象。至于她经常探望的祖母玛格丽特，她倒是记得很清楚，尤其是祖母唤起了小安格拉对音乐与艺术的兴趣。

1995 年，默克尔在汉堡教会大会上致辞时，说她的祖父来自波兰；2000 年她再度发出这则信息，说自己是"1/4 个波兰人"，此话在波兰引起轩然大波以及众人的好奇，立刻形成"默克尔朋友圈"。每当默克尔谈起自己的波兰根源时，她说的正是祖父路德维希 · 卡茨米尔察克。

我们对默克尔的祖父母的了解十分有限，至于她双亲的故事，就知道得比较多了。1954 年，安格拉才出生几个星期，年轻的牧师卡斯纳就带着家人离开汉堡，搬迁到民主德国。他第一次担任牧师是在勃兰登堡的苛微措村，3 年后举家搬到滕普林，这个地方也成了默克尔的故乡，是她早年生活的中心点、青少年时期的成长之地。

滕普林是柏林北部的一座小城，距柏林车程一个半小时，充满了浓浓的德国东北方的风情——湖、河、运河、辽阔的天空、古老的建筑，魅力无穷。1852 年，瓦尔德霍夫为难以管束的问题青少年

① 默克尔是她第一任丈夫的姓。——译者注

建立起一个家园，后来又经历了不少变化，尤其是卡斯纳牧师开设讲座的那一年，民主德国因救济机构计划关闭了监管中心，改为教会安置精神病患者的场所。这里空间很宽敞，患者可以在花园、钢铁工厂、篮子编织工厂等地工作。在那个时代，这样的方案堪称时髦：精神病患者自由居住，自成一个小社会，还可以干活儿，并且受到他人的鼓舞。身边常有精神病患者，这对安格拉而言已习已为常。

无忧无虑的牧师的女儿

卡斯纳家族的生活给安格拉留下的印记实在不多，不过研究者大多同意，安格拉是在政治味浓厚的开放式家庭中长大的。在处处掣肘的民主德国的制度下，卡斯纳牧师和妻子在心灵上仍然保持开放的态度，让安格拉受益良多。父母很早就鼓励她多去认识这个世界，牧师家庭也保护她不受制度的监管。在日后一次详尽的访谈中，默克尔对女摄影家赫琳德·克尔伯尔（Herlinde Koelbl）说，她的童年“没有阴影”，对一个小孩而言，瓦尔德霍夫提供了一览无余、平静安定的环境。默克尔说，她一直都被“在生活中游刃有余”的人吸引，就像她小时候的园丁，也是她的伙伴兼朋友。这位园丁与她忙碌的父亲，都是她学习自我肯定以及镇静自若的模范。所有的童年回忆都印证了默克尔内在的安定与细腻。她2001年过世的父亲，只接受过几次访谈，其中一次提到："民主德国的束缚已经够多了，所以我们在家会为孩子们敞开足够的空间。"卡斯纳同样也利用他的资源，早在20世纪70年代就独自到罗马和伦敦旅行。

但是默克尔的过往仍蒙着一层纱，因为联邦德国的人大多很难想象，民主德国竟会有这样无忧无虑的生活。瓦尔德霍夫听起来就像从童话故事中来，让人感觉好像回到了从前的美好时光。牧师家庭的生活、受到保护的和谐宁静、闪耀着才智的光芒——典型的德国毕德麦雅[①]时期的中产阶级生活，这代表着经济繁荣、人们受到保护以及享有安全的保障。对于许多现代人而言，默克尔生活在一个令人神往的国度。无论如何，大家对瓦尔德霍夫曾经发生的那些故事始终兴趣浓厚。

就算政治制度曾干扰过牧师家的宁静，默克尔也没有真正受到影响，依然享受着不需要具有国家认同感的奢侈。她对摄影家克尔伯尔说："我不曾觉得民主德国是我的故乡，但一直利用民主德国提供的游戏空间。"事实上，她支持民主德国的莱比锡火车头足球队。但在1974年世界杯足球赛上，民主德国名将施帕瓦塞尔的一记关键射门，使联邦德国输给民主德国，却让她至今想起来还是气得要命。施帕瓦塞尔的球衣现在挂在波恩的德国历史博物馆中。

① 毕德麦雅（Biedermeier）意指德国19世纪初的中产阶级，他们崇尚安宁与稳定的生活。——译者注

苏联在滕普林的驻防地位于城门前的福格尔桑，具有明显的异国情调。福格尔桑与温斯多夫一样，是苏联在境外重要的军事基地，驻扎了第二十五装甲师等多个部队。士兵们在城里进进出出，安格拉会利用这个机会与穿着军装的驻防士兵练习俄语。她的语言天分遗传自母亲，赫琳德是一位拉丁文兼英文老师，但因为她与新教的牧师结婚，政府不允许她在民主德国教书。柏林围墙倒塌后，赫琳德重回教学岗位，在柏林传教士学校为教会的职员上课。安格拉不想当老师，她不希望让压迫的制度存在下去。

爱旅行的聪明女孩

安格拉的俄文无懈可击，八年级时她就获准参加德国全国俄文竞赛——当时只有十年制专科学校的十年级学生才能参赛。虽然她年纪较小，却被选为俄文最佳的女学生，获得在民主德国旅行以及到莫斯科旅游的奖励。她在莫斯科买了第一张披头士的唱片，还被人问及关于两德统一的问题——多么讽刺，这些都出乎她的预料。过了两年，她已经上十年级了，又在俄文竞赛中获胜。显然她要继续念高中，取得高中文凭。

安格拉一直是名优秀的学生，她以很高的分数通过了高中毕业考试。记者伊夫琳 · 罗尔（Evelyn Roll）在国家安全部的默克尔档案中，找到一段话描述她与俄文及苏联之间的关系："默克尔眼中的苏联是领导者，不是其他社会主义国家所顺服的独裁专制角色。她十分欣赏俄文以及苏联的文化。"这句话至今仍然成立。

喜欢旅行、喜欢交朋友，这一直是默克尔的特质。孩提时她在柏林的祖母家度过了部分假期时光，"儿童该享有的一样不缺，那真是最幸福的日子，晚上可以看电视到 10 点，早上 10 点又跑出去逛遍各家博物馆，一样展品也不遗漏"。默克尔后来说，她家几乎从不看民主德国的电视，"除了体育节目外"。安格拉也开始在柏林开启发现之旅，外国人及其生活尤其让她着迷，"我认识保加利亚人、美国人和英国人，15 岁时就与美国人一起用餐，讲民主德国的事情给他们听"。她坦率地承认："今天的我就不会这么轻易开口了。"很可惜，我们至今还没找到以前和安格拉聊过天的那些人。这个后来当上总理的女孩，想必给人留下了深刻的印象。

十年级时，卡斯纳全家一起出门旅行，包括比安格拉小 3 岁的弟弟马库斯（Marcus），还有小她 10 岁的妹妹伊蕾妮（Irene）。这其中有两次旅行让她记忆犹新。柏林墙始建于 1961 年 8 月 13 日，在这之前不久，这家人刚从巴伐利亚回来。来自汉堡的外婆也坐在福斯金龟车内——这应该是她最后一次和女儿、女婿及外孙、外孙女一起旅行。星期五开车回家的途中，霍斯特留意到森林里架起了一大片刺网，而且有好多士兵在那里，他心中掠过一种不祥之感。到了星期天，边境被封锁，筑起了围墙。默克尔至今对这个8月13日仍记忆犹新，母亲一整天哭个不停。教堂里举行祷告时，还是个小女孩的默克尔觉得自己要晕过去了，因为她很想帮忙，却又无能为力。

卡斯纳一家人与许许多多的德国人都承受着生离死别的痛苦，安格拉直到1986年才首度来到联邦德国，但是在这个家庭的心中，仍保留了一个未被分割的德国。分割让父母很不甘心，年少的安格拉觉得自己和新国家没有关系，她兴致高昂地关注着联邦德国政局，坐在学校厕所的马桶上，偷听收音机报道古斯塔夫·海涅曼当选总统的消息。联邦德国内阁成员的名字她倒背如流，在瓦尔德霍夫的家中，联邦德国的电视和新闻是她必定要收看的。

带有辛辣嘲讽的幽默感

默克尔从十年级开始就背起背包和朋友一起搭乘中欧路线的火车，去布拉格、布加勒斯特、布达佩斯、索非亚等地旅行。黑海之滨的巴统是她最喜欢的海滨浴场，她在布达佩斯梦见了伦敦，因为在她想象中英国的首都跟布达佩斯应该很相似。她热爱生活，乐于参加活动，态度积极而正向。默克尔拥有极强的好奇心，想了解自己的世界之外的种种生活。她比较了各种生活并努力适应，测试自己的知识容量，一旦确认别人也不见得比她更好，她就会很开心。

民主德国的政局让她认识到民主德国的局限——上有政策、下有对策根本就是全民性的运动。默克尔的高中生涯，有一段插曲值得一提。滕普林的赫曼·马腾高中接到指派策划一个庆祝活动。有一群学生筹划了好一段时间，对于他们来说，毕业证书都已是囊中物，而他们内心又很反叛，于是决定来场带有些许国际化韵味的表演。这场自愿性的表演，让忠于当局路线的学校管理层很快就领悟到其中的言外之意：高中毕业生按照校方要求，用空罐子筹了一些款，但不是以声援越南、反抗美国的名义，而是打着“莫桑比克自由运动”的旗号，也就是莫桑比克全国抵抗运动。这个阵营虽然高举鲜明的社会主义旗帜，但抗争对象却是殖民主义者以及来自葡萄牙的占领者，而此时苏联在民主德国的军队已随时待命。接下来，学生们朗诵克里斯蒂安·莫根施特恩（Christian Morgenstern）的《哈巴狗人生》（*Mopsleben*），诗句中包含警醒之言，说人们应该追寻自己的未来，“不然你就只是一条坐在围墙边的哈巴狗而已”。最后他们高唱国际歌曲，当然也是用阶级敌人的语言——英文演唱的。

这意图太明显了。这场表演惊动了校方，管理层陷入了困境。毕业生的放肆行为有可能波及他们申请大学，他们的未来发展也会受到影响。于是，霍斯特为了女儿，通过教会请上层插手，这样安格拉从 1973 年夏季开始，进入莱比锡马克思大学物理系就读。

这段小插曲显示，默克尔很早就具有嘲讽的特质——一边笑，一边冷嘲热讽。那时候的朋友都说她开朗、乐观。她一直偏爱带有双关意义的讽刺，虽然今天默克尔在公开场合会把这种特质隐藏得严丝合缝，但我们不能否认她具有辛辣嘲讽的幽默感。通常大家都认为默克尔很严肃，甚至脾气也不太好。她不苟言笑，但失控的时候也不少，有时她也会放任自己扮个鬼脸，公然表露自己的心情。

大约在刚当上总理时，默克尔在稍微放松一点儿的时候，就会模仿她会晤的对象——教皇、法国总统，借此批评他们的弱点。《时代周刊》曾以尽在不言中的方式写道："她只有在疏忽大意的时候才会显得滑稽。"默克尔说，海因里希 · 贝尔（Heinrich Böll）的《穆尔库思博士收集的沉默》（*Dr. Murkes gesammeltes Schweigen*）是她最喜爱的讽刺文学作品。她理性地把自己最欣赏的一条物理规则运用在政治生涯中："没有质量便无吃水深度。"直到今天她评鉴人时，仍会注重这个人是否幽默，能否让大家哈哈大笑。有位长期追踪她的观察家写道："她深谙控制内心讥笑的艺术。"我们能够从某次访谈中观察到她这种讽刺的倾向，一位谈话节目的主持人意味深长地问她："德国让您想起了什么？"他得到一个淡淡的答案："漂亮而厚重的窗户。"

学术、旅行及两段婚姻

在莱比锡上大学之后，安格拉又在柏林的学术机构工作，这些经历使安格拉与滕普林的家一夕之间变得遥远。她再度展现出自己的聪明才智，大学课程对她来说易如反掌，所以她享受着大城市的生活，也成为朋友圈中筹划活动的活跃人物。她有过一次很古怪的经历，就是在洗衣店义务劳动时，熨烫苏联士兵的衬衫（这也没有什么不好）。但是要探察世界，还有更迷人的新方法。

起初是布拉格和苏联为她提供了机会，她几度前往布拉格的海罗夫斯基研究院。每次去那里做研究，她都会去见鲁道夫 · 查拉德尼克，两人的友谊维系至今。2012 年 4 月默克尔去布拉格访问时，他们回忆起贯穿柏林、布拉格、维也纳的传奇快车，它因为习惯性误点而声名狼藉。查拉德尼克像父亲一般建议她淡然处之。1974 年，她与几位同学去苏联参加青少年交流活动，并到彼得格勒和莫斯科找物理系的同学一起游玩，其中一位就是她的第一任丈夫乌尔里希 · 默克尔（Ulrich Merkel），两年后他们住在一起。他们和许多民主德国的大学生一样，希望在同一个城市工作，更重要的是要找一间房子，于是仍然上学的安格拉和物理学家乌尔里希 · 默克尔结婚了。结了婚才有机会分配到住房，而且夫妻一起找工作时，政府不会将他们分隔两地。

婚礼在安格拉滕普林老家的小教堂举行，安格拉冠上夫姓，这个姓氏现在位列世界政治人物的名单上了。那是 1977 年，她只有 23 岁。4 年后这桩婚姻出现裂痕，两人形同陌路，安格拉 · 默克尔几乎在一夜之间，就从两人在柏林共有的房子里搬了出去，留下相当震惊的乌尔里

希 · 默克尔。两人在 1982 年正式离婚。

离婚后的默克尔开始了探索之旅，她和朋友一起徒步穿越苏联南方，接着前往阿尔巴尼亚、格鲁吉亚以及阿塞拜疆，最后到达格鲁吉亚首府第比利斯，在火车站的收容所过夜。一行人想办法不被既有的规定约束，因为他们正在进行穿越罗马尼亚或保加利亚的旅行，默克尔负责沟通，她的俄语很管用。那些年，她也借着阅读专业书籍和《晨星报》（*Morning Star*）练习英语，这份英国共产党出的报纸，每星期会在东柏林特定的店面出现一次，早到的人可以买到一份。

一开始，默克尔是物理化学研究所量子化学组中唯一真正在学术单位工作的女性，其他女性大多在行政部门上班。她没有机会去西方旅行，因为研究所里只有 24 位学者有此特权，能够以旅行高干（指获准前往西方旅行的领导阶层）的身份离开民主德国。1988~1989 年研究所取消了名额限制，于是有更多人出国，其中一位获得许可踏出国门的就是约阿希姆 · 绍尔（Joachim Sauer）博士。1986 年默克尔在博士论文的致谢中首度提及他的名字，15 年之后嫁给了他。

默克尔继续使用其他方式满足自己浓厚的旅游兴致：她通过德意志自由青年同盟（FDJ）管辖下的青年观光客旅行社申请到波兰的签证，甚至还拿到团结工会的反共运动文宣材料——这可不是完全没有风险，因为波兰从 1981 年起，就实施军法并且封锁边境。当年科学院的同事后来都说，政治是他们上班时的热门话题。即使国家安全部到处都有耳目，但学者们显然明白自己的地位特殊，因此容许自己冒险。

默克尔回忆说同事们非常团结，相处得很好，常常共度休闲时光，因为民主德国政府很重视同事之间维持紧密的关系。学院的交换计划使默克尔再次前往苏联，基本上只有因工作需要，而且是集体行动，她才有可能远行。至于其他人就只能眺望远方，再加上一些幻想了。10 年后，记者胡戈 · 米勒–佛格想知道不能去西方旅行究竟让默克尔有多心烦，她答道 ：“今天我仍不禁自问，我是怎么熬过来的，尤其是在柏林。”

从西边回望东边

从孩提时期开始，默克尔就有一套应付困境的办法 ：比较。凡是和这位年轻女士共事过的人，都提过她凡事都会以比例为基准，一定要进行比较。她今天仍在使用这套方法。欧债危机期间，她在欧洲议会摊开她的“恶名昭彰”的图表，请在座者把比较曲线当成危机的征兆。默克尔会比较制度、政治程序、解决方案，正反模型始终在她的脑海中共存，经由智库检测再产生判断。她告诉记者米勒–佛格 ：“和西方的人来往时，我不断测试，看看能不能在心灵上与他们一致。如果我达到和他们一样的水平，那么就算无法去地中海，也不会那么难受了。”这位分析家再次与一种隐约的自卑感狭路相逢。她是否也借此按捺住旅游的渴望？而这种渴望的背后是不是也藏有对自由的向往？在民主德国最后几年的一次旅行中，答案浮出了水面。

这趟非比寻常的旅行是在1986年获得核准的，理由是参加住在汉堡的堂姐的婚礼。柏林墙建起来后，默克尔再也没去过西边，一心想着等到60岁就可以实现梦想，从联邦德国飞往美国。60岁是退休的年龄，民主德国允许女性满60岁之后移民到联邦德国。在滕普林的家中曾多次讨论过，安格拉是否应该正式申请移民。年岁越大，这种想法便越发迫切，但她的父母很不高兴。她的朋友兼人生伴侣绍尔与她双亲的意见相左，熟悉他们的人都知道，绍尔是她内在信念的支柱；虽然他发起脾气来毫无节制，却也有惊人的影响力。绍尔的建议颇有分量，对于默克尔渴望到联邦德国，他的建议是：如果你受不了，就照你的想法去做吧。

默克尔最后并没有申请移民，她有一次说道："只要想到我还是随时有机会拿到一本联邦德国的护照，民主德国就变得勉强可以忍受。"现在她搭上火车，前往自己出生的城市汉堡，至于婚礼宴会等则没有留下任何记载。婚礼后她前往卡尔斯鲁厄拜访一位与她同专业的教授，最后去了康斯坦茨探望一位同事。她从未夸张铺陈过这段旅程，只说对联邦德国城际火车的干净留下了极好的印象。从汉堡前往卡尔斯鲁厄的火车上，她大概也有机会体验这层认知。过了卡塞尔之后的铁路沿线，一望即是美不胜收的边境和封锁线，只不过这一回是从西边看过去的。

东边的体系又维持了 3 年之久，默克尔离开安逸的研究员生活，飞快地转入另一个运行轨道。她在民主德国被束缚了 35 年，已经很习惯了在最大的心灵自由下生活与工作，而牧师家庭在这个体系中具有类似自由空间的功能。德国东北方荒寂的风光形成了宁静和平的背景环境。聪明绝顶的默克尔从小就受到鼓励，不但热爱生命，而且喜欢与人交往，这帮助她克服了不甚愉快的生活现状。此外，幸福的家庭则让她更加确认自己是这个体系中幸存的局外人。

加入基民党

默克尔不是反抗政府的战士，虽然与柏林的教会圈子往来密切，但她并不是反对派。她欠缺公然反抗的勇气，却也从未完全接受过民主德国的政治制度。她不希望被曝光，这是母亲的忠告，她始终铭记在心。因此，她刻意选择了物理系，弟弟后来也跟随她的脚步，希望享有最大的自由和发展机会，这一切都隐藏在这种自我约束之中。默克尔是同侪中的佼佼者，够精明，没有与党派走得很近。相反，党派对待这位牧师女儿以及新生代学者的方式是，让她按自己的意志行事。现在，开启世界的时刻到了，在 1989 年晚春，她在衰退中的民主德国探察到各种冒出新芽的党派，时机恰到好处。

同年 11 月 9 日，默克尔和一位女性朋友在蒸汽浴中经历了柏林墙的倒塌，这使得她日后招来不少嘲弄。我们应该这样看：这就是默克尔典型的作风，先详细计划，看看发生了什么事，但绝不贸然行动。洗完蒸汽浴后，她经由博恩霍尔默街的边境检查哨所进入西柏林。她不知不觉走进一间屋子，但她根本就不认识屋里的人，屋里有酒，还有一部电话。之后她就返回家中。隔天，她与妹妹伊蕾妮去了民主德国人认为闪烁着西方世界光芒的库达姆大街。从此，她的政治生涯也拉开了帷幕。

默克尔大可加入社会民主党或绿党，她对所有党派都感兴趣，但她的感觉就是不对。她在社会民主党感受到朋友般的亲切，但他们太讲究平等主义了，这不适合她。绿党与她的基本理念不合，尤其是在核能方面以及和平主义与国防能力等相关问题上。那混乱的几周里，发生了太多意料之外的事。她不知怎的，来到通过教会圈子认识的赖纳·艾波曼牧师（Rainer Eppelmann）那里，这也是个意外。默克尔就这么在 1989 年 12 月投奔了民主觉醒党，一方面，她喜欢这个党的名称；另一方面，这个党有一大堆未完成的事业，具备可塑性。那几个星期，民主觉醒党最需要能俯瞰全局又具有组织能力的人才。默克尔具有高超的组织能力，于是她向学院请了假。1990 年 2 月，她就坐在弗里德里希大街与法国大街交会的民主之家二楼，那间重新打了隔断的办公室。

当时在东柏林密切关注政治发展的人想必记得，这位年轻女士正坐在门的正后方，用一台打字机打出新闻稿或手稿。之后，默克尔意外当上民主觉醒党的新闻部发言人，因为党主席沃尔夫冈·施努尔无法赴一位联邦德国记者的约，便派她代为参加。民主德国垮台了，并定于 3 月举行首次人民议会选举，政治上的德国正在经历天翻地覆的变化。2 月，民主德国的基民党、民主党醒党及德国社会联盟共同组成了“德国同盟”。基民党与党主席洛塔尔 · 德迈齐尔在最后一次民主德国国会选举中，不出所料获得压倒性胜利，情况变得很明朗——主张公民权利的民主党醒党，要紧靠着基民党这艘巨大的油轮，否则就会在惊涛骇浪中沦为次要角色。

代理民主德国政府发言人

默克尔反对并入基民党，现在的她则全心全意投入政治，致力追求三个目标：尽快促成东西统一、实现市场经济、进入国会。有一天电话铃响起，汉斯-克里斯蒂安 · 马斯问她，有没有意愿担任德迈齐尔政府的发言人。马斯是这期间东柏林消息灵通的联邦德国顾问之一，西边的兄弟党派也在为民主德国的政治人物出谋划策。重要的是，联邦德国的人刚刚察觉统一速度不如预期，情况令人捉摸不定：内部可能发生动乱或抵抗，同盟国成员[①]可能会阻挠统一，他们必须立刻组成政府，而她必须采取行动。

① 同盟国成员指“二战”时结盟的英、法、美三国。

当默克尔被德迈齐尔看中，准备接受代理发言人的职位时，就曾与伴侣绍尔商议。那时绍尔刚刚实现他长久以来的愿望，获得美国加州的一份工作。经过短暂的考虑，默克尔同意任职，同时与绍尔飞往意大利的撒丁岛度假。等到他们回来时，新政府已经成立了，就在1990年的耶稣升天节当天。联盟协议随之签订，总统和23位部长宣誓就职，4月18日召开了第一次部长会议。默克尔收到迟来的任命状，她错过了宣誓。她心想，反正也只是政府的代理发言人而已，参不参加没什么要紧。

默克尔的新身份是德迈齐尔政府发言人马蒂亚斯·葛勒（Mathias Gehler）的代理人，这个职位不属于权力核心，却见证了民主德国在最后半年中，几乎每天都上演的历史性决定。因为职务关系，默克尔与记者往来频繁，但她也关心自己在民主觉醒党的政治前途，她很清楚这个党的未来走向：即将并入基民党。每天早晨，发言人或代理人都会向总统和最亲近的幕僚报告相关新闻。德迈齐尔后来经常面露欣喜地描述，默克尔在对“厨房内阁”（颇具影响力的非官方顾问团）做简报时十分精确，短时间内便能让大家通盘理解，有效地诠释了政治局势。

虽然默克尔并未执行什么政策，她却参与了民主德国最后一任政府密集的路线辩论会。陪同德迈齐尔出国访问，让她有机会与他接触，而联邦德国总理科尔对德迈齐尔的举动大为不满，因此出访行程没过多久便结束了。出国访问可以引起众人注意，同时提升政治分量。统一的德国在国际上，特别是在西方同盟国中间尚存争议，而出国访问为其打开了意想不到的游戏空间，所以德迈齐尔认为可以好好加以运用。

除此之外，东柏林的政治人物很喜欢他们所扮演的角色，在国外时也能感觉到自己日渐重要，这是他们所乐见的。而德迈齐尔拜访法国总统密特朗，则让科尔大为光火，唯恐自己在巴黎的威信被破坏，又担心民主德国与法国亲近会引起不必要的问题。

法国和英国猜忌地注视着中欧这个正在形成的庞然大物。12月，法国总统还在东柏林露面，对德国统一社会党（SED）前领导人埃贡·克伦茨（Egon Krenz）奉承有加，这不仅让联邦德国的政治人物义愤填膺，更引起了众怒。密特朗却坚称，克伦茨的前任埃里希·昂纳克（Erich Honecker）之前就发出邀请，自己只是应邀前往罢了。这当然只是表面说辞。

默克尔也觉得，密特朗这种蜻蜓点水似的无谓访问令人不敢恭维。然而，这位男士就跟每一位从法国总统府爱丽舍宫来的访客一样，他轻声细语、态度从容，散发出来的光彩让默克尔印象深刻。对于削弱和压制德国的力量，密特朗和英国前首相撒切尔夫人当仁不让。因此，科尔希望在西方联盟体系、欧盟以及北大西洋公约组织中，建立一个巩固的新德国。他看出默克尔对这个基本信念的坚定与支持，但并不知道这对他自己是否重要。德迈齐尔这位政府领导人日后回忆，默克尔在他面前并没有隐瞒自己抱持的这种信念。

外交舞台初登场

民主德国最后一任政府并不专业，其班底缺乏政治经验，又没有多少政治操作空间。老百姓想要货币联盟，而他们却希望统一。但是，德迈齐尔的内阁——这个由主张公民权利的人士、共产党老干部、政治新人以及教会人士组成的多元化联盟，忽然对政治形式、新理念以及权力都产生了兴趣。社民党的联盟伙伴正在讨论不同的外交模式，想要与联邦德国所思索的统一德国相呼应。他们一直在思考，新德国能否在北约组织中占有一席之地？或者华沙条约组织到最后会不会也被迫成为新的欧洲安全体系？

欧洲安全与合作组织在民主德国的形象，比北约要好得多，为什么不试试看一起组成新联盟呢？联盟问题也在另一个中立的决定中有重要的表现：究竟该走哪一种法律途径来达成统一？一旦民主德国不赞同《基本法》及联邦德国的协议内容，就必须重新规划德国在国际法上的一体性——每一份国际条约都要重新处理，而无法正确权衡的情况想必数不胜数，随之而来的则是旷日持久且错综复杂的操作程序。

默克尔在这些讨论会上都表现得很果断，她坚持己见，德迈齐尔后来也证实了这一点。代理发言人也有机会为讨论会带来直接的帮助：她陪同总统去斯特拉斯堡出席欧洲议会，去巴黎、伦敦，以及去莫斯科参加“2+4”外交部部长谈判。这让她首度参与国际论坛，与代表团围桌而坐，撰写记录，与强权国家周旋棘手问题。大声喧哗或没礼貌可不合适，外交仪节要求默克尔表现出体贴和灵敏。

到了 8 月，社民党退出联盟后，德迈齐尔接任了外交部部长的职位，所以他代表民主德国参加所谓“2+4”的最后一场会议：两个德国，以及 4 个“二战”的战胜国，共商外交条件、诸多主权问题、联盟选举、军队驻扎以及划定边界等问题。

1990 年 9 月 12 日，默克尔作为陪同前往莫斯科，德迈齐尔知道这位幕僚的俄文能力，便派她上街近距离接触当地人，要她打探一下那边民众的想法。默克尔在地铁上收获了几点意见：苏联表现出兴趣，戈尔巴乔夫将放弃这场有可能打赢希特勒的战争。这位发言人还要照顾从东柏林一起过来的小型记者团，因为汉斯–迪特里希 · 根舍（Hans-Dietrich Genscher）从波恩带来大批随从。默克尔记得记者们从根舍典型的含混而不明确的说话方式中，仍然披荆斩棘，要求根舍说出重点来。默克尔刚好相反，有一次他们在一间格鲁吉亚式餐厅举行晚宴，她透露了很多有关谈判的细节与传闻，却被媒体列为“无足轻重的人士”，他们几乎察觉不到她的存在，这真是一堂有深刻教育意义的政治课。

记者们只记得，默克尔穿着新大衣，足蹬新鞋。德迈齐尔日后提及，出发前她专门被送去换装。这个问题还会继续如影随形般跟着默克尔一段时间，从外貌、发型、鞋子到穿着，这位年轻女政治家必须火速学习，除了敏锐的分析能力和俯瞰全局的能力外，在公开场合还要注意什么。这个职位要公开面对外界，这对默克尔而言很费力，因为她要忍受的比任何一位女性政治家都多一些。她的直觉想必告诉过她：我要向你们证明，服装和外在并不重要，请集中精力在我们所做的事情上。

沉默是金

公开批评默克尔个人风格的声浪从未停止，直到10年后这些声浪才渐渐平息，至少今天人们不会觉得她的女总理造型不得体。她会利用早晨造型师彼得拉·凯勒女士为她打理的时间看报、阅读剪报或者批示公文。何况，一袭外套长裤、两手交叉放在肚子上的形象，如今已是尽人皆知。总之，2011年默克尔访问美国时，与另一位喜欢穿裤装的名人合照，并且登上了《法兰克福广讯报》的头版，众人鼓掌与嘲笑的声音都挺大。这张裁剪过的照片，看不到默克尔的脸，只看见两位双手交叉、穿着裤装的肚子和大腿，希拉里显然也觉得很有趣。

最初几年，默克尔很不满意自己在公开场合的女性政治家角色。担任发言人时，她宁可把舞台交给上司葛勒。其后，在波恩的头几年，她也被视为特立独行、怯于亮相。她对竞选登台深怀畏惧，即使今天在党代表大会受到鼓掌欢迎时，默克尔仍然觉得不自在。她站在台上，知道自己必须要坚持几分钟才行，长时间且雷鸣般的掌声落在她身上——但她只想一走了之，她真不习惯置身于群众之中。

其实这并不令人惊讶，默克尔保留了孩提时就显现的特质——不信任、沉默。默克尔必须从自己的生命故事中汲取经验，还要克服面对公众时的腼腆。西方媒体和反对者在党内想方设法抹黑她，说她在民主德国时期的政治行为不甚光彩，她觉得很委屈：在科学院期间，她确实参与过自由德国青年团。根据默克尔所说，她不过就是规划文化活动、张罗演出以及旅行。批评者指责她正是负责鼓动与宣传的秘书，这意味着，为那个体系进行鼓动和宣传。于是，同时代的人也提出论据予以反驳：自主的科学院在那种特殊情况下，甚至可能赢得更多尊重。默克尔证明了自己的内心与那个体系的距离相当遥远。

默克尔从政之初，在担任妇女与青年部部长时，就忍受过一场类似的煎熬。她在一场于什未林举行的活动中，兴高采烈地叙述自己写的一篇关于马克思列宁主义的报告让她取得了博士学位。马列主义是一门必修思想课，与物理成绩证明并列。默克尔的报告主题是工农国家中工人和农民的情况。她开心地说，那份报告分数不太高，因为她明显强调农民的重要性。此番话在记者耳朵里却截然不同，他们急忙去大学档案室搜寻独家新闻：默克尔的马列主义报告。但是那份报告不见了，而且至今再也没有出现过。至于复本，同样无影无踪。

默克尔很困惑，不明白自己为何卷入意识形态的争论中。无论如何，窃窃私语可谓甚嚣尘上；其实每一位大学生都必须交一篇马列主义的报告，但是不是言不由衷，则似乎没有人感兴趣。另外又有传言说，她在莫斯科上过大学，这个谣言虽然不正确，但已经传开了，默克尔依然采取同样的态度面对。这一切只是强化了默克尔不信任及沉默的态度，她像蚌壳那样把自己紧紧密封起来，因为谴责、批评她的人都是希望用夸张的事实夺人眼球的庸碌之辈，他们不探讨她在民主德国的真实生活，也不了解当下的形势与前因后果。

这类谈话会造成的问题，在今天仍然可能发生。为育儿经费辩论时，默克尔很认同地说，民主德国女性都要工作。这话惹得基民党的女士发出怒吼——总理难道在批评她们的生活方式？抑或美化了昔日东部的情形？不，默克尔无意批评，她的母亲也没去上班，因为没获得政府允许。这段插曲只是再一次告诉我们，旧时的民主德国与联邦德国，尚未完全准备好要仔细研究对方真实的生活状况。默克尔很早就决定不会花太多力气研究，她厌倦那些冲突，于是保持沉默。现在这种态度稍有些改变，大概是 8 年的政府工作让她变温和了。

默克尔形容刚统一时的自己，那时她很害怕冲突，至少政治圈内的人身攻击和险恶用心等令她十分憎恶。她在与克尔伯尔对谈时表示：“我只怕刻意抹黑的不实指控，厌恶不怀好意的意气之争。”她擅长辩论，但也补充修正了对自己的评价：“在政治上，我宁可放弃辩论，追求合作。以必须贯彻到底的态度与某几位男性政治家相处，甚至让我觉得很不舒服。有些人自我膨胀，还会为了达到自己的目的试图压过别人。碰到这种事情，我都会有种身体被挤压的感觉，巴不得置身事外。”

默克尔仔细研究了她在政治圈的反对者，政治经历让她收获不少，有时还让前述的男性政治人物知道，她可不是什么乖宝宝。她说："那已经不是就事论事的辩论了，根本就是存心看谁能让谁过不去，我绝不会那么做。"

看不透的默克尔

22 年后想要研究默克尔的人，必须回顾她在德国统一时期的公开发言，她很忠于做自己。民主觉醒党创办人之一埃哈特 · 诺伊贝特（Erhart Neubert）牧师熟知默克尔的喜怒哀乐，他形容这是一种"诚实与善良的美学"。这话稍微美化了些，但这位经历变动的政治人物已经少了许多棱角，在公开出现时，她仍保留实事求是的强硬形象，不会因为怀有阴险的私心而搞砸事情。她还是那个勤奋工作的牧师的女儿。她在党内以及反对党中的反对者、在欧盟或联合政府中的伙伴，想当然也能勾勒出这位总理的另一面来，而他们眼中的她也一定不一样。

秩序、结构、计划，这些在民主德国 35 年培养出来的特质，被默克尔带入了新生活。她说，自己小时候想事情必须要先想清楚，因为成长期间的一个障碍使她跑步及上下楼梯时都很不顺利，她曾经是个"运动小白痴"。所以她必须避免不必要的过程，每一步都要经过计划。距离圣诞节还有两个月，她就已经在想礼物了："我总想知道会收到什么礼物，即便这样就失去了获得惊喜的乐趣。使我的人生保持井然有序、避免混乱，这对我来说更加重要。”

同样保留下来的是普鲁士风格的责任感，还有新教徒的工作伦理。勤劳、追求正确性、比别人更加努力，都是默克尔从孩提时期就被训练出来的。以路德教派式的热情不停地进行自我修正，才能做得更好、懂得更多、居于领先地位。这些特质一直伴随着默克尔，这也是为什么每当要她担纲领衔的角色时，她总是婉拒的原因。她当然也曾想仿效那些模范人物，希望和别人一样，当演员、舞者、花样滑冰运动员，这些儿时的梦想与梦幻角色偏偏都是默克尔不擅长的领域。后来，物理学家居里夫人成了她敬佩不已的典范。居里夫人在19世纪俄国占领下的波兰长大，又去了巴黎求学，她以女性身份及无比的坚毅坚持到底。

被问及政治上的典范时，默克尔一直拒绝和撒切尔夫人做比较。好在今天不会有人这么问了（在“铁娘子”形象长驻人心的英国，这个问题有时仍会偶尔出现）。美国前总统里根其实可以算是她青年时代的英雄，但默克尔拒绝与他有任何关联。这不仅是因为她知道这位美国前总统在西方的形象一点儿都不正面，更令她不悦的则是比较，她不希望自己需要站在另外一个人的阴影之下，才能显现自己的样貌。

民主德国的35年对默克尔影响深远，那是一段很长的岁月，让人无法忽视。默克尔神话在消失的共和国中扎了根，而这让她在第二个总理任期中，特别展现出自己的领袖魅力，这股魅力在国外尤其可以观察得到。默克尔不会对很多人倾吐心事，因为她并不了解自己前半生所在的世界。她的民主德国印记好像被笼上了一层神秘的纱，很难揭开。但是，若不说出那段经历，又该如何解谜？前半段生命裹着高深莫测的东西，因此相较于生平比较容易被理解的政治人物，大众对默克尔的兴趣会持续得略久一些。过了这么多年，默克尔依旧没有被看透。她深知这一点，所以与这个秘密周旋时会特别谨慎。

Angela Merkel
Die Kanzlerin und ihre Welt

第3章

初征政坛

不断拓展影响力的范围

在民主德国的最后几个月中，科尔坚定地支持德迈齐尔领导的政府，默克尔尚未和这位总理会过面，只在 1990 年夏天远远地见过他一次。现在，她想改变一下。她和科尔的第一次会面是在基民党代表大会上，即筹备 1990 年正式统一庆祝典礼的前几天。科尔坐在汉堡议会的地下室——在汉堡党代表大会期间，基民党都在这儿举行记者会。这位党主席趁着驻留此地的机会，邀请几位筛选过的记者同桌，劝他们尝一尝他最喜爱的当地菜肴：马铃薯泥和鲱鱼，配上酸甜的腌甜菜根及调味黄瓜。

科尔则把她请到另外一个房间谈话。默克尔后来说，会面之前很紧张："我心里想，你就要去见联邦德国总理了，他会问你很难回答的问题。结果，他问了我一个再简单不过的问题。"默克尔当然没料到科尔那么爱闲聊，她潜心钻研过真正伟大的政治，比想象中的政治要艰深多了。科尔想必也对她留下了深刻的印象，才会在11月就安排默克尔去波恩进行第二次会谈。她已经是科尔心目中统一后德国第一届内阁的部长人选。

12月国会选举后，默克尔被提名为妇女与青年部部长，她当然接受了。虽然她几天前才表示自己没有从事相关事务的经验，但她是女性，来自民主德国，又是新教徒，于是“比例代表制专家”科尔才会选择她。1991年1月18日，默克尔在国会宣誓就职。飞快蹿升至德国政坛的领导阶层之后，她在党内的地位也顺理成章地攀高。长期支持默克尔、与她共事多年的德迈齐尔，因为被批曾是民主德国特务机构国家安全部的一员，于1991年9月辞去所有公职。因此，默克尔于12月朝着代理主席之职前进，与京特·克劳泽同为基民党高层的两位民主德国代表。

妇女与青年部从前是一个联邦部门，负责妇女、家庭、青少年以及健康议题，科尔将其分为三个部分，默克尔接管其中之一。她很快就想好要如何进行领导：与德迈齐尔团队中忠心耿耿的伙伴共事。她的第一位国会国务秘书彼得·欣策，至今仍与她往来密切。若论特别的好帮手，则非维利·豪斯曼莫属，他是出身内政部的高级官员，被默克尔指派为国务秘书。后来豪斯曼一路与她相随，也是其最亲近的幕僚之一。

1992年2月，一位年轻的女士进入了默克尔的人生，成为她最重要的幕僚。当时默克尔躺在医院里，她在访问柏林一家书店时跌断腿，伤势相当严重，需要助手帮她打理党内事务。秘书长弗尔克尔·鲁厄帮这位新任代理主席找了一个只上半天班的人。病房门旁突然冒出一位访客，正是下萨克森州的基民党政治家克里斯蒂安 · 武尔夫。武尔夫刚刚卸任奥斯纳布吕克市议员，准备向中央发展，在下萨克森州的基民党内人脉广阔。他想为这位躺在病床上的同党同志介绍一位有才华的年轻女士，是他在奥斯纳布吕克的青年团认识的，很适合这个半天的职位，她就是贝亚特 · 鲍曼。

鲍曼——最了解她的办公室主任

两位女士就这么结识了，她们日后奇特的共生关系可谓德国政坛的一景。鲍曼成为默克尔的私人幕僚，并于 1995 年担任默克尔的办公室主任，至今仍然顶着这个头衔。但是这个头衔的背后又藏有什么？鲍曼在总理府内扮演的角色不符合任何职务说明，两位女士经营出平行的人生。记者克里斯托夫 · 施文尼克写道 ：“她们的这种关系像硬木头似的，极其缓慢地成长，一个年轮又一个年轮。”鲍曼陪同默克尔走进党秘书长办公室，当上党主席，再到国会，最后进了总理府。

除了丈夫绍尔之外，没有人比鲍曼更了解默克尔的感受，没有人能像她一样敏锐地嗅出默克尔的政治动向。鲍曼是默克尔最重要的幕僚，而且记性和她的上司一样好得惊人。柏林的飞短流长中，人们说这位办公室主任等于是一人之下、万人之上，这形容十分贴切。

实际上，鲍曼厌恶外界描述和评价她个人，她的任务是把默克尔的道路铺得平坦、再平坦，及时发现危险并且解除警报。在暗潮涌动的汪洋大海中，她像一个由行程、询问、请求以及要求构成的铅锤，因此施文尼克形容她也有种“默克尔式的不信任”。鲍曼喜欢的，都是默克尔勉为其难要放弃的东西：以客观为掩护、隐姓埋名。她把办公室主任那种周到、细心与辅佐的功能发挥到了极致，却丝毫不减损默克尔的权力。

她跟总理直来直往，讲话不需要拐弯抹角，而且与总理相处时不受任何拘束，因为默克尔非常信任她。其他共事者若想跳过鲍曼直接向默克尔报告自己的观点，就没那么容易了。只有默克尔的第一位政府发言人，一同进出总理府达四年半之久的乌尔里希·威廉，其地位与鲍曼类似，并且发挥着平衡的功能。

鲍曼 1963 年生于奥斯纳布吕克，比默克尔小 9 岁，大学念德国与英国文学。她也和默克尔一样，意外地加入了基民党。最后是扩充军备的争议，以及美国 20 世纪 80 年代部署的中程导弹，让她知道自己该选择哪个党。绿党和社民党的理念让她有压迫感，默克尔在东柏林选择政党时也有这种感觉。鲍曼与默克尔都对外交怀抱热忱，身为办公室主任，她不能经常出国，除非柏林没事，她才会偶尔在总理去加拿大或近东地区时，和默克尔同坐在政府专机上。普京与默克尔针锋相对时，她也在现场；默克尔在以色列国会发表历史性演说时，她也一起去了耶路撒冷。与默克尔一起研究外国访客的性格特征，让她乐在其中。她和默克尔一样，记性都很好；而且一旦察觉报告者偏离了主题，也会马上面露不悦。

鲍曼除了特别偏爱与英国文学有关的东西之外，还对以色列情有独钟，并深入研究了大屠杀这个课题。以色列在鲍曼心中永远占有优先地位，彼时刚被提名为部长的默克尔，将以色列安排为出访行程的第二站，这绝非偶然。第一个出访的国家是法国，她从科尔那儿观察到，应该多在巴黎的同人身上用心，并且招揽新人。第二次出访就是去以色列，同坐在专机上的有研究与科技部部长海因茨·里森胡伯，以及负责情报的总理府国务部长卢茨·斯塔文哈根。9 个月后，斯塔文哈根因为昔日将民主德国国家人民军库存的坦克秘密运给以色列情报单位一事而下台。

对从政充满矛盾的心理

最初担任部长那几年，让默克尔达到外交高峰的当属 1991 年 9 月 11 日至 17 日，她与科尔共同到美国访问。科尔先到加州，再飞往华盛顿，而妇女与青年部部长如影随形——仿佛是一个统一后足以公开展示的战利品，但是默克尔更想当个观察者。虽然她与年少时的偶像里根总统握了手，也在白宫被介绍给参议员老布什，但向来不爱引起别人注意的她并未力求表现。

默克尔日后经常谈起，科尔总喜欢在车上让她在所有人面前手足无措。总理每次都要她这位年轻部长说一说民主德国人对他的真正看法。默克尔觉得很窘，大伙儿心里都想：现在她必须坦承，“梨子”[①]在民主德国也会引人发笑。但默克尔是因为别的理由而期期艾艾，她不打算讨好谁，她一直都记得 1987 年民主德国国家主席昂纳克去波恩访问的情景，他与科尔在波恩宴会厅举行的晚宴上发表讲话，依照行前约定，民主德国的电视也会转播。科尔的演讲让民主德国人升起无穷希望，因为他多次恳切地提到德国统一。

初任部长那些年，外交在默克尔心中占据次要地位，毕竟外交并不属于妇女与青年部的业务。到了环保部后，欧洲政策则逐渐重要。只要有空，她也会和绍尔去旅游，她告诉摄影家克尔伯尔，自己很喜欢去加州度假。1993 年夏天，她在西海岸度过了一次妙不可言的假期，“到离家很远的地方度假，有助于逃离现实，那 4 个星期让我顺利摆脱了现实环境”。一次休假 4 个星期，对一位部长而言着实不容易，在那个时期的默克尔身上，还看得到这趟旅行带来的无忧无虑。一年后，她在普罗旺斯逗留时说，“我觉得自己像个小婴儿”，因为她的法语并不流利。还是再去加州吧，这一回要在那里过圣诞节，“我在加州不会受到任何干扰”。

无论如何，默克尔在那些年中总是伴随着极大的心理矛盾。一如

① “梨子”是科尔的外号，因为科尔的头长得像梨子。——译者注

她与克尔伯尔的长谈中表现出来的——她对自己从政一事颇有怨言，刚开始较频繁，后来日渐减少。1993 年，她轻叹了一声："我无法想象，自己的余生将像现在这样度过。"她突然在自己身上发现一些特质，让她陷入长时间的思考：缺乏耐性，不擅倾听，没办法认真研读一本书……这些她都不想要。1997 年她仍如此表示："我真的一直期待，这种充满压力的日子有一天会结束。高品质的生活对我而言，应该是在家里做菜，并且可以顺应家人调整自己的行程。"默克尔甚至曾三度认真考虑退出政坛，显然这也是在向自己保证，她完全可以开始不一样的生活。她生动地说："当我卸下公职时，可不希望自己成了半死的废人。希望在度过一个很乏味的阶段之后，我会产生一些不一样的念头。"

直到今天她还时不时想退出政坛。对未来崭新生活的憧憬，让她深深着迷，然而现在着迷的程度比以前小了。20 世纪 90 年代末，她告诉一位采访她的人，她很想陪着绍尔去南非之类的地方做研究。又有一次她向身边的人吐露，结束活跃的政治生涯后，她想学习法文，在美国住一段时间，或者只是窝在家里，在高兴的时候可以重新露面，"看看有什么事情可以做"。

柏林气候峰会担大任

但默克尔退出政坛的想法从不曾真正付诸实践，她仍疾步走进 20

世纪 90 年代的政治圈。1994 年 11 月，政坛新人默克尔从妇女与青年部部长的见习职位调入环保部；1998 年权力转移，她接任基民党秘书长，两年后沃尔夫冈 · 朔伊布勒因政治丑闻辞去党主席，她接下这个空缺，外交在那时仍然不是首要任务。当时权力保卫战刚开始，先要在内政上与反对党斗争，还要与政府周旋，尤其是要面对基民党史上最严峻的危机。

这时，有一桩大事让她异军突起：1995 年的柏林气候峰会。默克尔至今谈及此事仍会两眼发光，想必这桩大事丰富了她国际外交的经历。当时气候政策仍然是相对新鲜的议题，1992 年，地球上几乎所有国家的代表都齐聚在里约热内卢，讨论气候变迁问题。这是一大进展，因为人类虽然都知道地球气候关系到每一个人，却不知能否改变对气候不利的因素，以及能采取什么行动。

里约峰会的气候政策俨然成为各国开会时的固定议题，却无法解决冲突。相反，交换及分配之战剑拔弩张：到底有没有气候变迁这回事？如何用科学的方法证明？我们何时采取行动？是否需要针对发达工业国家以及正为富裕埋头苦干的发展中国家制定不同的规则？如何让人们理解碳排放的问题？谁又应该为此埋单？

德国人对美国颇有好感，并在心中深植美国友好的权威形象，信任美国会为其他国家指明方向。德国人的环保意识明显高过其他国家，他们高度紧张（或者可以说是担心害怕）地盯着这个星球，全心投入气候政策。但这份差事很费力，各国意见有分歧，一旦有另一个大议题浮上台面，各国领导人的注意力会立刻分散。然而里约峰会还是打下了一个良好的基础：各国一致同意，气候政策是全人类的问题，我们应该积极介入气候问题，避免环境恶化。若无法降低大量排放有害气体的现象，至少要避免情况进一步恶化。

但是《里约宣言》公布后一年，担任环保部部长的默克尔受邀前往柏林，反抗声大得惊人。问题很简单：如何兑现《里约宣言》的内容？反对气候公约的人士一点儿都不偷懒；石油化工业游说团体在世界各国撒下天罗地网；新兴工业国家和发展中国家都担心，一旦义务控制排放量，经济增长势必受阻。学术团体也莫衷一是。柏林会议是一次试验：《里约宣言》要收到成效，就必须坚持走下去。假使现在就停摆，可以想见大型的国际计划将随之满盘皆输。德国主办者坐下来，先把远大目标、具体方针以及降低温室气体的日程搁置一边。这个计划的目标太远大了，《里约宣言》不过一年前才生效，想以具体数据来实现先前的承诺，时间并不够。于是，柏林会议面临以失败收场的威胁。

德国是这桩大事的东道主，科尔在里约时大方地把人请到柏林来，现在他警告负责相关业务的部长们：这可是“在可预见的时间内，在德国土地上举行的最重要的国际会议”。外交部部长克劳斯·金克尔在柏林自然博物馆内的恐龙化石边举办晚宴，招待各国代表团。环保部部长默克尔被推选为这次聚会的主席，她在国际会议中心那间大会议厅里，一个风格简约、有波浪装饰、蓝白相间的巨大球体下，执行起主席的任务。

约有 160 个国家和地区的代表参加了会议，还有许多非政府组织前来。联合国举行会议时，总是伴随有大型的额外活动，为各种利益团体和周边业务提供游戏场地。若这回在闹哄哄的会议期间爆发政治混乱，危险可谓相当大。主持这场会议有一定的风险，一个脚步乱了，大家商讨的事就将瞬间失控，陷入泥淖之中。

只要能向前一步，就可以妥协

默克尔喜欢这种气氛，她平生第一次在如此盛大的国际场合执行任务：上千位代表、上百个利益团体、各种语言混杂成一个复杂的谈判“线团”。她后来说：“这就是我一直想象的，160 个国家（或地区）真的让我精神为之一振。我人生中第一次有机会认识世界上不同的文化，以及走近这些文化的不同方法。”会议长达 11 天，要想得出一个结果，压力就一定会持续到最后一刻，无一例外。

默克尔作为主席的角色类似中间人，必须在不同阵营之间穿梭调停，最后她听了印度环保部部长卡迈勒·纳特的忠告。纳特担任环保部部长多年，对这种具有高度重要性的会议非常内行，他把默克尔请到一旁说：“注意，到了最后一晚，要把代表们分成发展中国家和工业化国家，分别关在两个房间里。”默克尔按照他说的，把会议一分为二，自己在两大阵营之间奔走，最终目标就是避免大会瘫痪，而且至少要制定出对下一阶段气候政策具有约束性的任务。

清晨 6 点，整整磋商了一夜后，结果出炉，也就是美国谈判团团长蒂姆 · 沃思所说的“柏林指令”。这个指令规定，到下次 1997 年于京都举行会议之前，必须制定出工业化国家应减少的温室气体排放量标准，同时制定时间表。顽抗的工业化国家，尤其是美国，虽然借此换得了缓冲时间，但也已清楚意识到自己的责任。此外，默克尔也博得了发展中国家的好感，她至今在第三世界仍享有好名声，一部分就是基于这次的气候会议。中国代表团团长于会议结束后，神采飞扬地朝她走去，开心地向她保证他的协商空间没有受到丝毫限制 ：“我们从未触及我们的底线。”默克尔永远也忘不了这番话语中所展现出来的自信。

缺乏耐性的德国民众对默克尔倒是有诸多批评，但她必须忍耐。会议前就有人期待，要在柏林制定出有约束性的目标，以降低温室气体的排放量。默克尔在会议期间展开了她的文化研究，学到了很多东西，其中也与德国人有关 ：“心灵上，（发展中国家）在许多地方都比较有弹性、比较乐观，不像工业化国家那么僵固。我们德国人习惯提高对所有事物的标准。”无论如何，默克尔确信柏林会议是她当时“最大的成就”，也从不讳言自己对此引以为傲。

柏林会议显现出默克尔一个有意思的特质，至今都可以用这个特质来描绘她的工作：讲求实效，只要能达成一致，就可以考虑相对的妥协。她不知教条主义为何物，她只要结果，不必要的决策打动不了她。柏林会议结束后，默克尔说：“我们当然可以在一件事情上一直坚持最高的要求，永远都不妥协。但只要能让事情至少向前一步，就算知道不会得到一致的掌声，我还是会去做……也许到了最后，当所有参与者都感到心情恶劣时，妥协才是最好的方法，然后我就可以自己一个人高兴了。”默克尔把政治看成一种线性的过程，而谈判是以循序渐进的方式进行的。当默克尔与对手为了某个立场争辩时，她会拿出一把尺子来测量，找出两种见解之间的中点。倘若那个决定也恰好符合她的好恶，她就认为妥协是对的。她最爱运用平衡、传达与妥协的主持风格，不需要太多冲突就能得到结果。

渐渐爱上赢的感觉

1995 年的柏林，上演了这种权衡过程的绝佳例子。默克尔热爱担纲主持人的角色，她在这个早期阶段，对政治有时依然怀有天真的热情。默克尔年复一年退去这种单纯无邪，被一种新特质——乐在竞争、赢的乐趣——取而代之，而且越来越强烈，但她自己尚未发觉。动荡时代的政治家默克尔，以事情本身为方针，喜欢实事求是的讨论，所以对准某个政治目标的临门一脚的方式，能够振奋默克尔部长的精神。有时候她甚至发觉，若再勇敢一点儿的话，这临门一脚就会更有力度。

1997 年，在她任内第三次运送核废料储存槽至戈莱本镇之前，她没有预先通知就前往该地，造成了极大的轰动。彼时，她的核废料储存地政策备受争议，今日仍然如此。她出其不意地加入公民运动行列，并且在岩盐地带出现，证明她的直觉是对的。当时的总理府主任弗里德里希·勃尔事先已在电话中提醒她要谨慎，有任何问题务必打电话告知，“我们会立刻把你带出来”。最后，默克尔的策略奏效，这趟戈莱本之旅使她赢得了大家的认同。

默克尔一天比一天更习惯自己的公众角色，她说，随时在变化的政治局势，以及识破别人的手段，让她乐此不疲。来自下萨克森州的总理施罗德，不止一次为了戈莱本事件在公开场合让她难堪。她一开始怒不可遏，认为施罗德在捉弄她，而且想蒙她。这位环保部部长越来越常成为反对派的攻击目标，施罗德觉得她“不够自信，只会摆出一副可怜兮兮的样子”。于是她决定辞职。在与克尔伯尔的谈话中，她精神抖擞地说：“我告诉他，有一天我也会如法炮制，把他逼到死角。我还需要一些时间，但这一天一定会来，我现在就期待这一天的到来。”施罗德应该把这个警告听进去。

默克尔逐渐爱上竞争：吞噬或者被吞噬，最好是先发制人，使对方疲于奔命。1998 年基民党输掉大选，施罗德入主总理府的前几个月，默克尔已经准备好了。她在与克尔伯尔的对谈中语带威胁地说：“我对自己发过誓，不会再百般容忍。这也让我觉得有意思，有点儿像一种游戏，如果我命中靶心，我会高兴得要命。”

后来她的态度更加清楚，有人问她，权力具有哪些特征，会使人飘飘然，她答道：“要是在以前，我会说是人可以塑造政治。现在我想说，权力可以让彼此紧张忙乱。”她忽然成了猎人默克尔，拥有训练有素的直觉，在正确的时刻感觉敏锐，在有所怀疑时甚至需要一点儿勇气。例如，戈莱本事件、把她带上基民党高位的那封给科尔的公开决裂信；2002 年她为确保自己的权力，在沃尔夫拉茨豪森将总理候选人之位让给埃德蒙·施托伊贝尔，并且在选举后挤下弗里德里希·默茨，接任国会党团主席[①]。

学习掌握权力的那些年中，她也深入认识德国的内政。在成长阶段的默克尔，外交上受到众人的注目与赞誉。她身为基民党秘书长，首要任务就是主动出击。因为那段时间的基民党正与党内斗争、政治献金以及非法账户艰苦作战，默克尔同样陷入对科尔下最后通牒的攻防战，这也促使她的政党宣布，要与至高无上的大人物脱离关系。但是她不想甩开传承自科尔的外交政策，若在那时甩不开，以后也办不到。她轻轻松松成为风格独特的政治家，在 20 世纪 90 年代以及 2000 年刚当上党主席的第一阶段内，党内在外交与安全政策方面有许多活跃人物，而他们

① 默克尔时任基民党主席，但党内保守力量不愿意女性当家，力推施托伊贝尔出马。结果基民党败选，默克尔顺势身兼国会最大反对党的领袖与党主席，权力至此完全巩固。——译者注

都注意到，这位来自东边的高升者在此领域中应付自如。

就这样，默克尔集中精力在少数具有指标意义的决策上，使她的内政及党内政策轮廓更加清晰。她不需要在其他策略游戏上表态，党主席也不必对近东地区的冲突发言，她应该为基民党设想出符合现状的税率和社会模式，如社会保险金等项目。更重要的是，她还要在与各地方人士的权力角逐中幸存下来。直到 2002 年，她才以国会党团主席的身份，重新积极投入外交。

在幕后牵动欧洲政治

这样的异军突起相当奇特：人们认识的默克尔并非外交家，也一口咬定她缺乏与世界打交道的实战经验。有人说，她想在外交方面有所作为是基于内政的考虑。就拿 2003 年的伊拉克战争来说，默克尔违抗施罗德总理大受欢迎的反战决定，与美国站在一起；或者 2004 年被问及欧盟是否应该接纳土耳其时，她坚守基民党路线，表示欧洲应给予土耳其特殊的伙伴关系，但土耳其不能成为欧盟的成员国。少数几位人士观察到，经过这些年，这位德国最保守政党的党主席已在反对阵营中打下了外交基础。

因此，当这位一向在幕后操纵的女士首度壮起胆子站上国际舞台，浅尝欧洲政治的滋味时，不禁让人跌破眼镜。政治圈一向如此，想要拥有重要职位的人，他的胃口总是特别大。于是，为2004年的欧盟执委会寻找主席人选，演变为一场政治权力的表演。第六届欧洲议会选举于2004年6月10~13日举行，多数代表都出自欧盟中各保守党派的联盟。如此一来，执委会势必重组并重新选出主席，并且，这位主席也必须为议会及保守党派的多数所认可。

欧洲的社会主义人士，其中包括施罗德总理，都不敢想象自己有望在重新洗牌后的议会中成为候选人，并参选到底。但是他们发觉，若比利时自由进步党首相居伊·费尔霍夫施塔特参加角逐，倒是很对他们的胃口。这位候选人还有一个优点：被保守的法国总统希拉克接受，因为他一年前举办过“巧克力峰会”——由法国、德国、卢森堡以及比利时共同参与，目标是建立一个类似反大西洋公约的欧洲安全联盟，在伊拉克战争的阴影下，其出发点是侮辱美国。

对于这种形势默克尔一点儿也不乐观，光凭这一点，她就想要阻止费尔霍夫施塔特。再者，她也要向保守派展示自己新的强项，因此必须坚持提出自己阵营的候选人，阻止那个比利时人。欧盟理事会开会的前一天晚上，她出人意料地来到政府领导与欧洲友好党派的聚会。在这之前，她让英国保守党领袖迈克尔·霍华德，将各方都敬重的欧盟委员彭定康请出来参选，这样费尔霍夫施塔特就有了强劲的对手。而且因为英国工党首相布莱尔必须转而支持英国籍的候选人，就使费尔霍夫施塔特遭到封杀。设下这些路障之后，不难想象两位候选人都会沦为牺牲品，然后由保守的葡萄牙总理巴罗索神奇地突出重围。这是个折中的办法，他虽然不是默克尔的最佳人选，但他很保守，况且施罗德必须吞下一次敏感的败仗。布鲁塞尔人都无不惊愕地揉揉双眼，欧洲人到那时为止还不知道默克尔是谁呢！

只要仔细端详，你就会看到另一幅画面：那个人很清楚自己在做什么。默克尔是很活跃的反对党主席，她周游欧洲并结交邻国的政府领袖，法国总统希拉克也在她的访问名单上。不同于科尔的计谋，默克尔没有掩饰自己不苟同这位总统的政策。再仔细端详，甚至可以确认：这位女士联结起来的就是科尔弃守的地方。德国在世界上、在友邦及盟国之间，应扮演何种角色，默克尔已有定见。

Angela
Merkel
Die Kanzlerin
und ihre Welt

第4章

内心世界

塑造默克尔性格的人、事、物

默克尔爱听歌剧，尤其喜欢瓦格纳谱写的与悲怆及命运有关的所有作品，《特里斯坦与伊索尔德》（*Tristan und Isolde*）是她最欣赏的歌剧，而且是海纳 · 米勒的那个版本。东柏林变天之前，剧院常客默克尔极可能早就注意到这位导演的作品了。米勒诠释的瓦格纳的爱情悲剧，曾六度在拜罗伊特节日剧院上演，默克尔认为这个演出“几近完美”。她喜欢特里斯坦，大概是因为这位王子从来就不抱着获救的希望，唯有死亡可以让他从残缺不全的爱情中解脱。

《尼伯龙根的指环》也是如此，默克尔对这出歌剧的评价简短且一针见血：“如果事情一开始就错了，反而可以成就某些人，但永远都不会回到好的结果上来。”默克尔是绝不向命运屈服的，却用激昂的话语来形容瓦格纳：“事情无法从出口倒转回来，这让我觉得悲痛。起步对，步步皆对。”

这是这位总理最好的人生座右铭。一开始就要做对，一步接一步，有条理、有计划，从容不迫——这就是她的目标，或者至少她是这么要求的。她与财政部部长朔伊布勒分享的工作格言是：立刻从结果开始思考事情。对于不可避免、注定要发生的事件，默克尔谨慎恐惧，她不希望被驱使，希望能控制并影响事态的发展。瓦格纳轩昂的风格、强而有力的音乐世界，以及浪漫派沉重的题材，根本不像默克尔：无论是风格或个性，默克尔恰恰是瓦格纳歌剧世界的反面。也许正因如此，她才允许自己爆发最后一团不理性的火花，为音乐痴狂。如同她小时朝思暮想的每一位典范人物一样，这些人全都是与她生活距离遥远的人：花样滑冰运动员、舞者、明星。

只要观察默克尔一段时间，就不难看懂她，她的身心状况与特质还算能让人略窥一二。她不装模作样、不莽撞任性、不自吹自擂，也不垂头丧气；她不大声喧哗，更不会阴晴不定。要列举默克尔不会怎样，实在很容易。但如果这些特质全都相互冲突，那么到底哪些特质才适合她？她的个性又是怎么形成的呢？

大多数人看默克尔，都说她“稳如泰山”、“很正常”，那么为什么大家还对她这么感兴趣？可能人们都认为，在外界认识的默克尔背后，说不定还存在另外一面，倘若全部可以看得一清二楚，她就不会成为总理了。难怪这个问题一再被提出来：真实情况如何？真实的她究竟是什么样子？

答案很乏味：默克尔，其实就是我们看到的那个样子。隐于公众形象之后的她，也没有什么天大的秘密。想要好好研究她，一点儿都难不倒政治评论者以及长时间追随她的人。她身上有不少正面的特质——有好奇心，准确说来是求知欲强、好学。她在思索一个问题时，首先会全面彻底地了解那个问题。无论思考的是养老金计算公式、房市泡沫还是南海争议，她都要看事实。即使反面没有任何论据，她还是会去了解事情的反面。2012 年 7 月 8 日，她与新当选的法国总统奥朗德于德法和解 50 周年纪念日会面，这给她上了第一堂城市关系历史课。她会研究外国对话伙伴的生平经历，认真搜寻他们的个人资料。

她与印度总理曼莫汉 · 辛格（Manmohan Singh）也培养出真挚的私人关系：辛格的政治资历让她印象深刻，而他沉静得体的举止以及父亲般的镇定自如更让她难忘。一个默克尔身边的人说，一旦她不再因为新的经验感到惊讶，“就表示一切都结束了”。安排行程的人会考虑到总理的喜好，也知道如何满足她。默克尔每一次出国访问，几乎都是以造访学术单位画上句号——她在印度尼西亚拜访了海啸警报中心，在加拿大则参观了海洋研究院。

欣赏沉默寡言的人

默克尔会分析她对世界的认识，评估论据，尽可能多地搜集事实，再权衡出一个净值。这种辩证的天赋有个问题：默克尔偏好引导、平衡，不重视无关紧要的个人感觉。她跟冲劲十足的政治家以及所有理论家，恰恰是明显的对照，与经常冲动做决定的施罗德有着天壤之别。默克尔赞叹施罗德具备那种自己不曾有过的能力，并越来越尊敬他。她大概会这样说，"这家伙才华横溢又精力旺盛"，然后脑海中始终有一股淡淡的得意，因为她赢了他。施罗德是灵光乍现的大师，德国少数具有敏感的直觉的政治家之一。对于她的前一任，默克尔找到了赞美他的话，想象着自己与他参加一场体育竞赛。

如果有人拥有她所没有的能力，她会绝对佩服，譬如施罗德的直觉。他有一种独有的敏锐，总能在正确的时刻说出正确的话，但她没有这种敏锐。她比较喜欢孜孜不倦、向前推进的精神，这点也有问题：万一对手不像她这样钻研理智上可以领会的论据，逻辑架构便无从发挥功能，于是双方的论点便无法相互制衡，也就找不出折中的办法。例如，希腊应该节约120亿欧元，并制订出改革方案，这简直是个看不到尽头的过程，也让默克尔失去了信心。她在数不胜数的欧盟理事会会议中，也在希腊人面前，讲述改革及节约开支的道理，使反方的论据越来越薄弱。然而这样一来，政治将沦为市场，她一点儿也不喜欢这样。她最喜欢的名言佳句中，有一句非常明白易懂："一言既出，驷马难追。"

默克尔由衷地认同沉默寡言，她自己也一向守口如瓶。一次她在电视访谈中说："我们的社会吝于保持沉默，这个社会实在变得太吵了。"她认为在有些时刻，保持缄默是一种高尚、正派的表现。然而在政治上，沉默经常有被迫的意味。例如，2005 年大选期间的一天晚上，施罗德在电视上与围桌而坐的重量级政治人物，慷慨激昂地预言默克尔的优势太少，何况又遇上他带领的政党，所以她永远都当不了总理。假使那时默克尔反诘过去，想必就完了，因为有可能演变为一场无人幸存的对决。她在那晚成为施罗德的牺牲品，反倒使基民党团结起来，在大家都不看好她的情况下最终当选总理。沉默，即安静沉着，"对我来说是非常美的东西"。

从各方面看，默克尔其实都是个话匣子，她喜欢谈天说地，享受美好的对谈。经常陪同她出访的发言人和幕僚，除了具备专业知识之外，也必须能谈些政治以外的事，比如足球、音乐、歌剧、艺术、历史。默克尔赏识有学养、能刺激她动脑筋的人。

但在人际交往方面就不同了，特别是开诚布公方面。默克尔在跟自己信得过的人相处时，会直率说出自己对第三人的意见。所谓"信得过"，主要指总理府内的亲密圈子，办公室里的人、幕僚、发言人、早晨会谈的人。另外几位政治圈的同伴，如党主席弗尔克尔 · 考德、朔伊布勒与德迈齐尔两位部长，也都是信得过的人。所有她信得过的人，都能对外界保持沉默，这是忠心耿耿的一项证明。默克尔担任总理初期，时常听取外界意见，邀请外部专家学者共进晚餐。如今这样的行程逐渐变少，因为太天马行空、夸夸其谈了。不久前一位教授与她见面谈欧洲政事，隔天早上，半个柏林都知道这位教授去见过默克尔，想来他短期内不会再受到邀请了。

当她安静下来，就危险了

若有人不符合默克尔的期待，她也会变得非常冷淡、怠慢，甚至挖苦对方。这时，当她安静下来，就危险了——总理府的人说，若她越来越安静，就表示她快要爆炸。她不会尖叫，只会用尖酸的话给对方以惩罚。如果一个问题在她心中发酵已久，而她忍耐多时的那个讨厌鬼恰恰又惹毛了她，她就会像海鳗一样离开洞穴，在正确的时机发动攻击。大多数时候，只有少数人见识得到她这种坚定不移的冷酷性格：共事者或政坛内与她争论的人，能和她一起决定职位的人，以及——我们不得不残忍地说——她不再需要的人。最近她就以这种方式，除掉了环保部部长诺贝特·勒特根，因为他在北莱茵-威斯特法伦州议会败选后不愿辞职，于是她就将他雪藏起来。勒特根就是不愿正视现实，而败选的污点也会成为内阁及环保政策上的负担。

如果有些人担任的职位并非由她决定，而她又迫切需要他们时，她在那些人面前的态度就不一样了。如结盟党派的主席，或其他国家的领导人。她不容许自己表现得冷淡，甚至禁止自己流露出好恶。她永远不会在喜欢的人选的排行榜上，把小布什排在奥巴马前面。事实就是这样，她无法改变，只能接受。

默克尔把政治支持者及反对者分为两类：一类能够沉默不语，另一类则不能。欧债危机刚爆发时，总理府频频邀请各党派领袖交换意见，很多专家尚被蒙在鼓里，默克尔都一一坦白相告。缄默乃最高戒律，因为这段时间以来大家都学到了一件事：市场对每一则谣言都会迅速反应。默克尔与 2013 年德国全国大选的对手施泰因布吕克有过一段耐人寻味的沉默经历。2013 年，施泰因布吕克担任财政部部长期间爆发了银行危机，联邦政府以非比寻常的行动力，几乎在一夜之间提出了存款保证。那时他俩保密到家，而且引以为乐，但两人也曾度过互不信任的阶段。

默克尔与社民党主席弗兰克-瓦尔特·施泰因麦耶或者绿党主席特里廷共事时，在政务上均运作良好。联盟之外的人不容易得到总理府的信任，而反对党想当然会将默克尔的亲信视为危险人物：反对人士可以尽其监督之责，要求执政者理解他们的要求，但政治责任及功绩不会落到他们身上。与社民党组成联合政府时，她与外交部部长吉多·韦斯特韦勒能做到彼此信赖，但即使在自己党内，也非时刻都能保持坦率。之前默克尔的外交政策，还必须与国防部部长卡尔-特奥多尔·楚·古滕贝格共同商议，那时许多内部讨论的细节都会流露出来。不过，自从古滕贝格下台后，一切就平静多了。

在交友上高度自律

默克尔在交友方面高度自律，外界很少听闻谁是她的知心朋友。汉堡的社民党政治人物克劳斯 · 冯 · 多纳尼应该就是其中之一，还有人说“歌剧朋友”也是。属于其密友之列的人，都绝口不谈此事。默克尔对共事者始终保持距离，即便是办公室主任鲍曼，和她也一直都以“您”互称，从不直呼名字。倒是有几位政治圈的同事，默克尔习惯以“你”相称，包括韦斯特韦勒、施托伊贝尔和霍斯特 · 塞霍夫等人。

默克尔在基民党内以“你”相称的朋友就多了，但也有些人，她吃了秤砣铁了心，就是一直称“您”，比如说朔伊布勒。朔伊布勒是她之前的党主席，绝非冷酷严峻之辈，但两人互称“您”，而且保持着些许不信任的疏离。有一次，两人为了一张欧元公投的宣传海报一起亮相，前党主席说了一句话 ：“意见不是永远相同，但要一直走在共同的路上。”此话不假，也许因为当年她在未告知的情况下，于《法兰克福广讯报》刊登与科尔决裂的公开信，让朔伊布勒无法释怀。又或者，前一年默克尔刊登了一小则家庭广告，公告她与绍尔举行了婚礼。朔伊布勒事前对婚礼一无所知（双方父母及兄弟姐妹也被蒙在鼓里），这让他觉得被刺了一下。在私事方面，默克尔有时的确很怪异。

两人在 2012 年年初会面了一次，悄悄找到一条走进群众的小径，却也因此产生了更大的效果 ：默克尔问朔伊布勒，要不要一起上电影院看《逆转人生》(*Ziemlich beste Freunde*，直译为《最好的朋友》)？真巧，《逆转人生》是一部佳评如潮的感人电影，叙述被禁锢于轮椅上、贵族出身的菲利普和他不拘小节的黑人看护人之间的故事。朔伊布勒犹豫了一下，是否可以与妻子之外的女人看电影？最后两人神不知鬼不觉，潜入了波茨坦广场一家电影院的观众席。总理与财政部部长就像是“最好的朋友”，之后还去喝了一杯，一起看足球赛。

展现无与伦比的理性

有一段时间，默克尔会大谈自己的内心活动。大家因而知晓，她非常赞赏“谦卑”这个词。如果她想多了解某个人，她的手下便会知道其中的意思：“那个人应该再谦卑一点儿。”她时时刻刻都让人知道自己是个体贴入微的人，有责任感、有组织能力。纪律是她工作成功的不二法门，而且她非常重视守时。她可以亏待自己，耐着性子开一场又一场没完没了的会，尤其是欧债危机时期，她每天只睡几小时。她放下意识形态，并且善于谋略，一次又一次表现出无与伦比的理性。默克尔只是少做了一些最拿手的事：以论据详细阐述分析。

她紧抓事实，用事实力克诸多意见。她知道自己必须重新努力争取，才能维系所拥有的权力，而且她也不会永远无懈可击。在一次访问中，她坦然谈到自己与权力的关系：“我不是一个失败主义者，人永远都不必低头认命。我会抬头面对挑战，不被环境推着走。”至于她是否喜欢行使自己的权力，她如此回答：“照道理来说，应该是如此，只不过无须多谈。”

在刚刚崛起的那几年，被低估对她反而是件好事，她一直显得比真正的她微小一些。施罗德或科尔之辈永远都不会低估自己的成就，默克尔则不然：“我知道，人一旦事事顺心，就要准备担心。我的看法是，不幸大概都是从幸运里产生的。意思是说，若我福星高照，过了一段好日子，我就会开始担心，接下来会有坏事发生。”这位以分解反应为博士论文题目的物理学家，一向非常重视自己的政治宇宙会不会因过度膨胀而爆炸，结果她竟然会背弃规律，这实在令人好奇。

第二任期结束时，默克尔更加从容不迫，虽然她正处于高压下，欧债危机带来的烦恼纷至沓来，但外界看到的是，她与她的世界都很清新明晰。她两度当选总理，经历了两届国会任期。然而，当初开始执政时，基民党在大联合政府中只占些微多数，举步维艰，大家并不看好她。当时她选择与自由民主党（简称自民党）组成联合政府，外界更不看好，甚至预测这将是一场灾难，但最后撑了好长一段时间。

默克尔看起来很平静，是因为她在这些艰难的政治结盟中，挺过了荆棘遍布的日子。现在她执行总理职务，尤其在外交方面，无人能出其右。她不再需要向谁证明什么，她希望自己出现时，就是怒海中安静、安全的抛锚处。运用这种形象策略，又扮演着非正式的舆论导向专家，为她带来了好运。这位候选人的特质终于转化成她的优点。

外表看来漫不经心的默克尔不免让人觉得乏味，但这正是她 8 年以来的成功秘诀，也许民众的需求会再度改变，当多数人渴望的是一位大嗓门、魁梧有力的总理，那这个人就不会是默克尔了。无论如何都很难想象，默克尔会像她的前任施罗德那样，摆出凯旋的统帅姿势让人拍照——还要加上象征优越感的雪茄和被风吹起的大衣。对她来说，自我克制比什么都重要：控制、适度。钱不重要，炫目的装腔作势令她厌恶——从她前任或法国前总统萨科奇身上看得到的那种。只要能在周末度假屋以及柏林的出租屋里保有一个绝对私人的空间，就万事足矣。

不理外交礼仪的学者丈夫

丈夫绍尔就是她这个私人空间的中心点。他是德国数一数二，也是世界知名的量子化学家。假使默克尔在过度曝光之余，尚能保有一丝神秘，那么绍尔肯定就生活在这个神秘的世界中。他说过一句话，表示自己不会让他人挖掘他的私人领域：“我已决定，如果记者是因为我妻子从政才来找我，不是来问我这个大学老师及研究者在做些什么，那么我就不和他们讲话。”

我们除了尊重这个决定，也不能怎么样了，因为绍尔坚决隐身于幕后，我们不知道他的政治观点，无法推测他对妻子工作的影响。他的学术履历让人印象深刻，而且创造力惊人。如果要谈黄金、原子，以及硫代-芳香羟基的配位基在黄金表面上能玩出什么花样来（虽然物理和理论化学世界之外的人，会很难跟得上这场对话），这位教授可能会愿意谈一谈。

默克尔极少透露，绍尔在她的政治生命中扮演何种角色。从她安静、擅长分析及有所保留的谈话伙伴（如印度总理辛格）来看，她的丈夫应是个很好的顾问。有一次她说与他谈话是生活中“几乎不可或缺的事”，又有一次她形容他是“真正的好顾问”。

默克尔与绍尔这对夫妇为政治关系定下了新的评量尺度，也把国与国来往时的外交礼仪抛弃得一干二净。政治人物偕同妻子出国访问是很久以前的事情了，或许也因为政治人物不再是清一色的男性，而伴侣也不一定非得是异性的缘故吧。默克尔进入总理府之后，外交礼节上的硬性规定有了变化，主要表现在以往专为女士们安排的节目上，现在至少已经将这些节目改称为“伴侣节目”，而且还得是在有必要安排节目的情况下。

2007 年在默克尔家乡海利根达姆举行的八大工业国组织峰会，是绍尔第一次尝试配合外交礼节，也是最后一次。这段时间以来，全球志同道合的伴侣，不分男女都群起效尤，总统不需要一定有妻子陪在身边，希拉里已将这一做法画上句号。默克尔出访次数并不多，她宁可让总统享受最高规格的外交礼节待遇。身为总理，她尽量以周密计划的公务访谈优先，也就是几小时内就能知无不言、言无不尽。

绍尔仅陪同她出访过两次，每次的政治味儿都不太浓。2006 年，默克尔就任后初次访问维也纳，他陪同前往，主要是为了听音乐；2011 年，他陪妻子去美国，出席总统自由勋章授予典礼。他和默克尔一样，对美国怀有极大的好感，常因工作需要横跨大西洋。在白宫国宴上与 208 位宾客握手时，他努力压抑着自己的狂喜。事实上，他是独自先抵达美国，返回时也一样，以芝加哥的科学讨论会为优先考虑的因素。决定孰轻孰重的是他，而非美国的外交礼仪。除此之外，他说："我对公开露面没有兴趣。"

两位足球教练，体现出她的自由信念

绍尔或许可以说是了解默克尔个性的一把钥匙，但要认识她内在的思想世界，仍需借由其他人的协助，譬如从足球教练文森特 · 德尔 · 博斯克和于尔根 · 克林斯曼着手。这两位教练深得默克尔赏识，首先是因为她喜欢足球，觉得他们的工作十分有趣。其次她认为，这两人在态度及信念上都堪称典范。若要用比较亲民的方式来诠释默克尔的价值观体系，可以从这两位足球教练切入。

2006 年的世界杯足球赛让德国举国欢腾，连政治圈也感染到大家的好心情。早在克林斯曼送给她这个夏日童话之前，默克尔就很欣赏他了。他意志坚定地贯彻自己的人生观，以球员身份离开加州之后，重返德国国家队担任教练，用新颖的训练方法及策略，彻底改变了德国足球协会，组成了一个团结有力、进可猛攻、退可坚守的队伍。这一切都让默克尔赞叹。

西班牙国家足球队教练博斯克也是一样，虽然默克尔并不认识他，但如她所透露的，她非常想认识他，希望能在晚餐上认识一下这号人物。博斯克不仅曾让西班牙国家队立于不败之地，以爱国情怀和团队情感让守护传统而留在家乡的球员团结一心，也传达给他们一种以自由和尊重为基础的人生观。

自由，正是深入了解默克尔的钥匙。在默克尔心中，这两位男士就是自由概念的典型。他们都因为有信念而释放出力量，默克尔多么希望自己也能为德国社会开出一样的良方。况且，两人都忠于自己的信念：克林斯曼与德国保持距离，让他在面对重要的事务时，能保持清晰的眼光（在加州时他就是这么做的，默克尔对他赞誉有加）。博斯克住得起世上任何一座城堡，这足以让西班牙人颂扬他、为之倾倒，但他宁可保持安静，过着简朴的生活，为他的球员立下真实的典范。可以说，克林斯曼和博斯克是非常懂得自由的人。

若观察默克尔的内在动力、研究她的价值观，你就离不开自由这个概念。一谈到价值观，就像为了做到政治正确而列出的一长串信念。在这个时代，每位地方议员都要发表关于人性尊严与包容的谈话，每一家公司都要将其哲学与企业价值观放在网页上。但是，当政治人物穿上光鲜亮丽的行头，大谈价值观时，选民大多没有反应。经验告诉选民，他们生活在一个不死守意识形态的时代，政治人物若希望赢得多数人的支持，他们的信念就必须有弹性。如果默克尔死抱着自己的意识形态不放，不具备可左可右的充裕延展性，她也当不上总理。

但是，朗朗上口的价值观与真正的价值观之间，存在着意味深长的区别。或许，当信念像地上的沉积物那样时，才能真正得以检验；又或许，价值观是类似石头的东西。各国领袖的外交谈话总喜欢讨论价值观，但除非能实际测量，又能在日常生活的各种决定的选择中幸存下来，否则这些花哨的话语不具备任何意义。因此，默克尔在政治生涯初期，还会时不时地谈一下自己的价值观，到了两个总理任期过去之后，她才树立起一种榜样。

自由，是她内心的主旋律

自由，位居默克尔价值刻度的最顶端，她自己在没有自由的体系内生活了 35 年，亲身体会过自由为何物，这使她具有更高的可信度。令人惊讶的是，默克尔一开始还有些隐讳，她一共花了 10 年时间才将“自由”这个主题列入自己的即兴演讲中。基民党 2000 年于埃森举行历史性的党代表大会，她当选为党主席。她大概想，从现在起要显得更有原则，于是就读了一长串基民党的价值观，而不是她个人的价值观，她想借此把党代表团结起来。自由、责任、保障，一直都是三重奏，也是联邦德国和基民党于战后时期最常表演的曲目。

三年后，在堪称默克尔规划最缜密的演讲中，“自由”在喧天的锣鼓声中登场：“德国何去何从？”这不是她第一次这么说。2003 年 10 月 1 日，社民党和绿党的联合政府再次胜出，当时身为反对党领导人的默克尔就对保守阵营如此呐喊。她严词谴责政府僵化及不知变通，并要求拟订工作计划，而核心就是她的自由理念，或者更深入来说是“一种自由、团结以及公平正义的价值观融合”。之后她经常提及，这些话在那个阶段听起来，好像出自支持基民党、信守十诫的古典作家的笔下。

“没有自由便什么也不是”，这自然是默克尔人生的主旨。这位基民党领袖在德国历史博物馆里向群众强调：“自由能使个人快乐工作、追求发展、乐见异同、拒绝齐头平进，并对自己负责。”时任内政部部长的默克尔苦口婆心地说教，希望为她的党派再次披上符合时代的外衣。民主社会及市场经济是自由的产物，默克尔想：“因此，团结与公平正义得以再度活跃，自由必须在我们的价值观层级之中，再一次从底部跃升上来。”

2005 年，默克尔宣誓就任总理，在国会讲台发表她的第一篇演说，“自由”又一次成为报刊主题。“让我们勇于追求更多自由”，她这是在向联邦德国前总理维利 · 布兰特致敬，也是对于接纳社民党为结盟伙伴的一次策略演练。像“德国何去何从”那次演说一样，她主要把自由旋律用在内政，凸显个人在公共团体中的分量，以及每一个人为自己的人生负责的重要性。

对默克尔来说，价值观是很个人的东西，因此她很少在公众面前透露自己的私人生活，也不肯把她的民主德国过往变成一项资产。再者，默克尔被视为追求自由的象征，应该是国外对她的杜撰。美国前总统小布什对这位来自民主德国的灰姑娘般的故事惊叹不已，这样的人生的确很不寻常，也难怪，对于好莱坞史诗的故乡来说，这是最容易让人看懂的一出戏。

奥巴马将美国总统自由勋章颁赠给默克尔，不是因为她在废核方面的贡献，主要是因为她的人生故事让美国人十分感动。自由对于默克尔当然也有清楚的界限：默克尔真的很不喜欢被人崇拜，想必是时间自动塑造出这个形象。其实默克尔的内心最深处很抗拒插在她身上的那面自由小旗，除非仔细观察，否则外人很难从外在察觉出这一点来。尤利娅·季莫申科（Julia Timoschenko）的女儿从乌克兰来，想为她母亲的事[①]辩解，便有意亮出“自由”这个主题当作王牌。但默克尔拒绝了，因为她有种被利用的感觉。除此之外，季莫申科的命运虽与她的过去相似，但她遇到的问题已大不相同。默克尔是一国的总理，不是自由斗士。

① 指季莫申科在 2009 年乌克兰和俄罗斯的天然气供应协议中，因滥用总统职权，被判决 7 年监禁。——译者注

国外的媒体将默克尔个人与自由联结在一起，其实是无心插柳。因为在国外时，她不那么拘谨古板，而她的人生经历常可作为破冰话题。如果冒出一位新的国家领导人，而默克尔想与其建立私人的联系，那么她可以从以前的人生开始谈起，也可以反过来获得对方个人的开诚布公，这样便能建立起联结。

过了7年，自由这个主题逐渐变成她的外交政策主轴。她之前说过，自由主要是指机会，找出自己界限的机会。我们可以这样解读：年轻的物理学家默克尔被不自由的民主德国限制，无法发挥自己的潜力，直到柏林墙倒塌才有办法自由发展，也由此一路当上了德国总理。这种经历至今仍会让默克尔情绪高昂：“自由是我人生中最幸运的经验，没有什么比这更让我振奋，没有什么比这更能激励我，没有什么力量比自由更强大，更能给我正面的感受。”

从这个经验中，她要告诉全世界一则重要的信息：“一个让人无法自由发展的制度，既不自由又不公正。在法治国家的规范下，个人主义才是推动民主的最重要的力量。唯有自我实现的人才是自由之人。”这则信息其实也很适合当作基民党的价值准则，但这个党派在默克尔当总理的近几年中，退出了由她主演的世界舞台。她对自由的主张，也很适合送到拉丁美洲或是俄罗斯去。她同样将矛头对准那些通过监督控制，妨碍自由与创造力的国家。其中一例就是欧盟执委会，它对同化怀有错觉与幻想，因而扼杀了欧洲的多元化。

忧心失去捍卫自由的干劲

自由对于默克尔而言，更多是一种个人经验，而不是政治教条，然而她仍在其中看见了世界上最强大的推动力。她在 2005 年大选前夕说，当经历所有的艰辛改革与国际上发生的冲突后，我们应该将自由置于政策决定的中心。她又说 ："这是民主令人难以置信的胜利，民主借由苏联发出了挑战，因此造成冷战结束。今天，我依然希望能够贡献个人的力量，促使自由与人权在全世界开花结果。我们拥有必要的物质基础。"

"我们"指的是西方国家及其对自由价值的理解，"装备"则是指民主、对自由的信仰、自我实现、开放——这些都是启蒙运动的产物。当了 7 年总理，她 6 次出访中国，多次居于战争与和平的冲突点，与俄罗斯总统激烈斗争，与土耳其政府针对包容进行意识形态的争论。在经历了种种革命、压迫以及不公正之后，有一件事仍萦绕在默克尔的心头 ：她为西方国家担忧。

她唯恐自由体系无法幸存，担心民主与市场经济最后会式微。非常喜欢比较以及启动系统研究的默克尔，得到一则清楚的信息 ：西方国家即将面临最艰苦的自由之战，西方价值观的优越性将不再所向披靡，甚至可能变质为一场价值观之争。她说 ："我唯恐在冷战过后世界上许多开放社会将遭受危害，而我们的能力将不足以应对。"

默克尔极少谈及自己对自由体系的忧心，也尚未详细阐述过这个话题，只能偶尔找到若干意有所指的话，譬如在签订统一条约20周年纪念日的演讲中，她说："我最担忧的是，我们现在因为有了一些成就，使得我们拥护这种风格与方式，而希望过理想生活的干劲却因此消退了。于是我们只能说：如果我们的干劲消退了，我们的富庶与成就也将随之衰退。"

在另一次演说中，默克尔证实自己"能够及时看出这个崩溃中的体系"，她也在后来一次访谈中说："我们不能自欺，德国和欧洲今日的地位已非唾手可得，这非常重要。"这句话正面的表述是："我们从相互恫吓的两极世界，转移到一个多元化的世界。倘若全世界的人都能拥有共同的价值观，并据此彼此尊重，那么这个多元化的世界将形成一种稳定性。"

我们把这句话拆开，换个方式解释，就能听出默克尔的意思。她说的是，这个世界正面临一场巨大的价值观冲突，我们必须深入剖析占优势的政治体系，进而探究其生活规范。这场冲突也许会让人极其不安，也许与水资源或其他资源有关，也许与影响区域有关，也许与贸易规则有关，也许与所有权有关，甚至关系到战争，最后将变为自由与不自由两种体系之间的冲突。默克尔表示："民主及长久的繁荣昌盛，不是人与生俱来的权利。"威胁无时无刻不在，历史就是一个进程。

在飞往国外的飞机上，默克尔总喜欢邀请记者们到谈话室，去程一次，回程一次。所有记者都围着无法移动的咖啡桌，挤在一张沙发上，双腿紧紧并拢，因为座位永远都不够。总理挤在中间，一点儿都不介意和大家有肢体接触。在大屏幕上，有机尾尖端上的摄影机传回来的画面：正往前飞的飞机映入眼帘，机身像鱼雷似的冲进云层中，世界就在遥远的下方。这样的画面有利于涉及根本、深谋远虑的思考。默克尔长时间思索未来，未来 10 年、20 年，她的共事者都见识过。她有一句话很有名：“我在专制政权下生活了 35 年，它与我的过去密不可分。有人说这不会再发生了，但我对此总是存有疑虑。”

许多东欧政府领导人都拥有和默克尔一样的经验。欧债危机爆发时，她不厌其烦地向欧盟的政府领导人反复讲述：“我亲历过一个体制即将衰亡的征兆，不想再经历一次。”有时候，默克尔会带着她民主德国的目光来看西方模式，其实她一直都很乐观。她曾经说：“是市场经济让自己陷入了经济困局，不过体系不会赢了一次就永远赢。”

然后，她望向迅速成长的亚洲国家，比较各种有人口统计数据的图表，在脑海中画起德国与欧洲的人口老化曲线图。她知道，要维系欧洲的繁荣，必须达到一定的发展目标。于是她问道：“我们能否在全球化的世界里保持经济增长的水平，或是必须忍受因人口和成长不足所带来的负面影响？”她这是在抱怨欧盟的决策过程——难以置信的漫长磋商、决定、不采纳，再次从磋商开始。

策略家一致认为，资本主义与共产主义、开放与封闭系统之争结束后，应该要深入钻研介于自由与独裁之间的意识形态。默克尔曾说：

"我们见证了这个过渡时期，20 年不算长，力量自会产生。各国和谐共处的模式正在形成。"她其实可以简单地说："我乐见民主的胜利。"

国与国之间刚要形成新的冲突，譬如金融与货币危机发生之时，国际货币基金组织为了加强稳固，决定提高会员费，埃塞俄比亚和许多国家都缴纳了，美国却没有。类似的事让默克尔心痛，因为她看得出来，重心就是在这种地方偏移了。缴不缴纳会费，早晚都将会转为用投票来决定；早晚会有美国之外的国家，来决定国际货币基金组织的决策。有时候，默克尔很想到中国共产党中央政治局常务委员会进行旁听，看看位高权重的那 7 位常务委员如何为那个泱泱大国做决策。另外，她也很想参加一次阿拉伯联盟的磋商，这些共同体如何发挥功能，让她很着迷。说不定她也不反对时光倒流，进入德国统一社会党的委员会。

她认为自由是她的经验，也是繁荣与成长的代价，一种很好的代价。

自由包含着责任、包容与勇气

2010 年，默克尔颁奖给讽刺漫画家库尔特 · 韦斯特加德，并以"自由的秘密是勇气"为题发表演讲。默克尔在演说中试图找到自由的定义。她说，自由主要与责任有关："自由一方面从某些事而来，另一方面又向着某些事而去。我们谈到自由的时候，总是在谈论别人的自由。"因此我们需要包容，包容位居默克尔价值观列表的第二排，就在自由之下，与责任同一排。

在默克尔的价值准则中，责任主要与政治和经济有关，不可草率地与自由混为一谈。依照默克尔的观点，金融危机期间，正是“不负责任”的方式稳住了银行经济。那些金融业经理人一方面向国家求助，另一方面却坐享高额佣金，让默克尔非常恼火，觉得这不仅伤害了自己的价值观，还挑战了她的权力。于是她以文字表达 ：“国家应是社会市场经济规范的守护者。”默克尔觉得国家的权威受到了挑衅，而她发誓重塑自己对价值与规范的看法。

勇气是默克尔自由模型中的第三个悬浮粒子，她引用雅典战略家和政治家伯里克利的话 ：“自由的秘密是勇气。”她也很喜欢沃尔夫 · 比尔曼的话 ：“勇气始于克服自己的气馁。我们不一定要住在民主德国，每个人想必都曾经沮丧消沉。”当时机成熟，她斟酌过一切后果，并且用尽一切方法后，默克尔将直言不讳。

穆罕默德漫画一事涉及的是价值及其普遍性，其重点是，自由和不自由的人，谁能获得最后的胜利？因此，在韦斯特加德的颁奖典礼上，她在演讲尾声准备了一个基本信息，告诉所有问自己“我们可以吗”的人 ：“不，这不是无理要求，为这项权利争论的人，眼中没有人类的福祉，文化差异也不能拿来为蔑视这项权利而辩护。”默克尔不是悲观主义者，她信任西方及西方的价值观，即使两者有时候不易简化。除此之外，她又升起最后一线希望 ：“我相信，自由社会更具创造力，而且能发展出长期有效的解决办法。”

欧债危机爆发时，保加利亚总理博伊科 · 博里索夫有一次造访总理府，按照惯例与默克尔举行联席记者会。德国总理的剖析显然让他大受感动，他告诉国际媒体，这位女总理刚才恳切地与他讨论自然与危机：“默克尔女士提到，玛雅人以及其他许多古代文明都消失了。”那么，欧洲这个饱受消失威胁的文明呢？默克尔神色肃穆，脸上露出一丝懊悔。显然，她为了表明情况有多严峻，一时说得太多，也太明白了。幸好，如往常一样，出席这类行程的德国记者并不多，这段历史性的谈话并没有招致过度的解读。

Angela
Merkel
Die Kanzlerin
und ihre Welt

第5章

外交之路

帮手和对手都能结盟

这里要提一句平淡却很有效果的话：默克尔喜欢外交胜于内政。她在第一次竞选总理前说过，“外交是我的专长”。相信到了今天，她还会同样有自信地对想听到这句话的人说。换个方式，她也可以说：“外交很简单。”

欧洲拥抱世界的理由并不难理解，大多数国家领导人都偏爱外交事务，因为外交可以提升自己的重要性：每一位总理或首相，在与其他国家打交道时，所拥有的权力、自由以及所受到的公众关注度，都远胜于其他事务。在内政上，默克尔必须与很多人周旋：倔强不从的联盟伙伴、特立独行的基督教社会党（Christlich-Soziale Union，简称基社党）、联邦众议院，以及上百位利害相关的代表们。她必须在内阁体制内思量再三，考虑各州利益，同时兼顾联邦参议院的意见。这一切的进行，都必须在一个日益狭小的游戏平台上，在一个对一切事务皆有法规过度校准的系统内。更何况，宪法法院还有决定性的发言权。

相比之下，外交的发挥空间就大多了。国与国之间的事务方兴未艾，各项事务亟待被治理与协调，革命与灾难使国家舵手受到世人瞩目，而他们也欣然接下任务。在过去10年中，外交议题的价值升高了，居于最高等级，因此政府领导人要亲自上火线。网络创造了直接、有时效性的处事方式，把世界聚拢在一起，大家称之为“全球化”。西方人突然对格鲁吉亚感兴趣，因为它攸关价值观、输油管、贸易路线，攸关与俄罗斯建立关系，更是进入局势不稳的中亚战略的桥头堡。这些问题将不再只交给外交部部长解决。

在法国和美国，总统就是外交官的老板，一人操纵国家这艘船。德国至今尚未给予政府领导人一定的权力，但现在宪法条文即将补上。更何况，默克尔匆匆赶赴一场又一场的峰会，进行越来越多的双边会谈，主持越来越频繁的协商，让德国国内所有镁光灯都对准了她。在这些之后，还有堆积如山的欧盟高峰会议。默克尔向来都说“欧盟政治就是内政”，然而她把这场内政执行得有如古典外交，就像是她这位老板的特权，德国政治制度仿佛变成了中央集权的总统制。

不强调全面的外交蓝图

外交部部长在这个体系中失去了地位，因为全世界集合在一起，专家也集合起来，气候问题交由环保部部长们处理，驻防国外交给国防部部长们处理，经济关系交给经济部部长们处理，关税协议交给财政部部长们处理……外交部部长们对全球性事务再也没有全权代理权，欧盟内还有各部的幕僚及顾问提供建议。大小事都被层级制度追着跑，最后降落在政府领导人的办公桌上。

这部分的工作尚无相关手册可参阅，缔约结盟等与外交相关的事务也相当稀少，因此对基本规范、指引、指南之类的书籍需求很大。我们要问的是：默克尔领导了什么？她如何看待这个世界？她如何定位自己的国家？约施卡 · 菲舍尔在当外交部部长前写过一本书，花了 340 页传播他的世界观、德国的外交决策，还有一些思想方面的故事。法国、英国或美国的最高统帅，也可以很自然地讲述他们的外交政策目标。策略和远见密不可分，而这些在美国会被自动制定为国家安全方针。

默克尔从来没这么做，也没有发表过足以满足这些崇高要求的外交行动准则。不过，她在很多地方谈过自己的信念与计划，比如处理大西洋彼岸的重要文件以及欧洲的整体策略等，勤快的人可以自己把图拼出来。但是，从策略和实务运作来看，默克尔并没有全面的外交蓝图。她的外交顾问克里斯托夫 · 霍伊斯根打的主意是，仿效美国的做法，以“国家安全”来涵盖。国防部虽然也曾提出过白皮书，也就是德国政府及军队的国防纲要，但它们全都是出自幕僚及顾问的笔下。

至于总理要发布的文件，分量就完全不同了，这需要策略合作。这份政府文件必须寻求各方的一致口径：如联合政府伙伴，以及所有相关部门的领导，也就是整体官僚，最后才交至国会。这个过程艰辛无比，而结果总是无法令人满意。默克尔必须达成许多妥协，通过内政、联合政府、国会等流程，刻意约束自己强硬的外交立场。

但这不表示默克尔毫无准备地迈入在总理府的第 7 年。恰恰相反，她一再忙于德国的外交政策，在演讲草稿上留下一行又一行的补充或修饰，在欧洲和世界各地拜访。她还是反对党的党主席时，就会借由出访扩大人脉网络；等到就任总理的不凡时刻来临，一开始反而没有在外交上着力。2005 年第一份施政报告中，从第 15 页开始才是外交政策，而且到第 18 页就结束了。默克尔仿佛百无聊赖地把手边的外交政策素材和一大串内政议题混在一起，她谈及欧洲、美国、安全以及国际相关组织时的平淡态度，反倒值得大家注意。

加重德国在全球的角色

对默克尔来说，想在几星期内主导外交局面，那时的情势再好不过了。小布什刚以微小的差距连任总统，但国会对他的敌意甚重。除此之外，他不成熟、不够谨慎的外交政策，不再获得民众的支持。在小布什之前，没有一位美国总统的支持率像他这么低，他迫切需要朋友。默克尔在欧洲也碰到两位权力式微的政府领导人：布莱尔和希拉克。布莱尔因为倾向布什而蒙受损失，希拉克则是即将任满。选举日程加上大型的政策计划，都有利于默克尔：在上任第二年，德国就像是有两位总统一样，“女总统”专门负责参加八国峰会以及欧盟会议。整体局势值得默克尔好好利用，而若想达到目的，她必须搞清楚德国与其总理职务的含义。

第一次表态往往是最好的机会，默克尔就职后便前往布鲁塞尔、巴黎、华盛顿以及莫斯科访问，趁此机会略表意向。她在法国时并未像她的教父科尔那样，郑重其事地向法国国旗行鞠躬礼，而是充满敬意地向法国总统表示，她认为他在伊拉克战争期间的欧洲政策前后不一致。到了华盛顿，她在一次访谈中，几句话就粉碎了外界批评她一味亲美的成见，不啻创作了一件艺术品。在访问小布什前夕，她才借《明镜周刊》提醒美国应该关闭美军设在古巴的关塔那摩海军基地，并回归法治国家——没有一位总理才上任几星期就敢说这种话。不过，她已提前知会过权力被削弱的小布什，所以不至于让他的情绪太恶劣。

她在莫斯科则发出了最清楚的信号：她在会见普京时，要求他迅速说明女记者遭谋杀的事件，这显然是出于政治因素。到了晚上与俄罗斯反对派及政治评论人共饮伏特加与葡萄酒时，她又提了一遍。普京和施罗德的兄弟情谊，她敬谢不敏，我们不费吹灰之力就能听出其中的新意。媒体热情赞美她，《时代周刊》形容这是一种“具有批判精神的船首波浪”，并测量起她的新游戏空间，说她“以小步获得全新的自信”。

《法兰克福广讯报》言简意赅地引述了默克尔在白宫说自己“如所证实的那样，来自科尔学派”。这话还可以再度深入剖析，但从所传达的信息中，可以嗅出其稳定与传统。《经济学人》在她上任一周年，保持安全距离地写道：“默克尔是世界明星，德国总理希望在世界舞台上扮演更重要的角色。”接下来又忧心地问道：“但德国准备好了吗？”

在这个时间点上，默克尔的外交工作只是修复原有关系。施罗德下台后，留下一片混乱：德国到底是该继续遵守战后的约定——尽欧洲统一的义务，与大西洋联盟保持密切关系，还是眼看局势今非昔比，让这位欧洲巨人清醒过来，过一种全新的生活？无论如何，默克尔都觉得施罗德是一个自以为是的狠角色，她则一向偏爱不显眼的领导人。因此，她与普京保持距离，而且她也一直不太信任萨科奇，又觉得意大利的西尔维奥·贝卢斯科尼让人讨厌。

默克尔对德国的定位

默克尔的判断中有一点值得注意，她并不打算将国家带回科尔模式的沉重战后制度中。在那样的制度下，德国因为担心招致联盟国家反目，所以各种独立与批判思考皆胎死腹中。默克尔以乐观又大胆的态度登场，要求要有自己的外交诠释权。她一开始就告诉德国，她希望定义德国在这场外交竞技中的地位，希望用德国人的共识来解决问题。她刚接任基民党主席时就说 ："如果德国找到了共识，这对民主政体是件好事。没说出口、隐晦的东西会衍生出许多有害物质。对于共有的历史，我们应该能自然而然地说，'我们也很高兴能够身为德国人'，我就这么说过。"这段话是默克尔的经典之一，因为她说"也很高兴"，并将自豪感融入了这句话中。

当基民党再次拿"德国共识"这个议题百般折磨自己，并在德国发起主流文化论战时，默克尔在《明镜周刊》的访问中优雅地杀出重围，惹得党内保守派非常不高兴。有人批评她毫不掩饰地大谈祖国和故乡，她反诘 ："各位只以联邦德国的观点思考，而我是从全德国的角度观之。那些我在民主德国不准说出口的概念，曾经令我百般纠结，所以当我使用'祖国'这样的词汇时，并没有赋予其过度的诠释。我不觉得德国人特别糟糕或特别优秀，我非常爱吃土耳其烤肉和比萨，我觉得坐在人行道上的意大利人特别漂亮，还知道太阳在瑞士照的时间比较长。"

接下来她提到于格诺派，说普鲁士一直到了 19 世纪，由于格诺派信徒把蚕种带进来，才有办法丢掉扎人的毛料或麻布，这又是默克尔一次即兴的经典谈话。最后她的语气变得很严肃 ："我用'祖国'这个词的时候，并不是说我们是这个世界的中心或关键。我用这个词的含义是，这是我的语言，这里有我的树木，这里有我的湖，我是在这里长大的。我喜欢住在这里，我信任这个国家，是它共同历史的一部分，其中也包含着痛苦或精彩的篇章。"一席质朴的话，解除了众人的戒心。

她想把德国放在世界的哪个位置上，反映出她对德国的理解：在日渐扩大的结盟架构下，表现得更现代、更开放，并且以价值观与国家利益为前提，信心满满。这听起来像是橡胶做成的外框，可屈可伸，同时也给了全球敏锐的观察家一种保证。她是德国统一后，继科尔之后的第二位总理。在科尔之后的施罗德，曾在关键的外交时刻表示，德国在世界上的定位是可以改变的。谁能肯定地说，这个更加强大的德国将把力量投注于何处？默克尔清楚地表示，外交的基本规则很难改变，就像养老金政策或疾病防治措施，无法在短时间内规划出来。

因此，她在外交上的基本原则也是一样：德国无法单靠自己解决问题，这个国家是诸多同盟关系中的一部分，包括欧洲与欧盟、美国、北约、《联合国宪章》，以及对以色列的重大责任。这是默克尔最重要的方针，其他一切均从中推导而出：与法国的友谊、波兰的重要性、欧洲利益均衡、欧元，以及以出兵作为最后手段。

视维系结盟为外交基础

至于国家安全政策，她在2011年给科勃基金会发表的演说中，谈及了基本目标。她说国家安全政策是“我们与美国的伙伴关系、跨大西洋联盟，以及德国外交政策的基础”。默克尔在演讲时，经常把与美国的结盟关系置于欧盟之前。也许正因为她眼睁睁地看着美国从欧洲和德国的身边走开，才会忧心忡忡。她的当务之急，不是要欧洲国家提出互助保证或签下驻防协议，美国才是她结盟世界的核心，因为美国与欧洲有共同的历史、文化以及价值观；而最终，唯有价值观才能让各国和衷共济。在与美国的价值观联盟中，有一个昏暗不明的瞬间，一种感觉袭上默克尔的心头——陷入沉思中的美国，忽视了它的根源，或者更严重的是，它不明白全球化的力量如何侵蚀着这个超级强国。这个超级强国可能会突然醒过来，并且确认：美国固然领土辽阔，人口众多，但它错过了现代化的契机，而且没有悉心照顾几位重要的朋友。

默克尔担任总理初期，没有野心勃勃的外交议事行程，所以要想找出她在外交上的清晰足迹实在不容易：是八大工业国在海利根达姆举行峰会期间，坐在海滩篷椅的那个画面吗？还是为欧盟宪法热心奔走？还是在以色列国会发表演说？这些全是一般的例行公事。

默克尔的第一个任期内，并没有出现什么外交危机。她会表明立场，并加以传达和推动。出乎预料的是，她在近东地区扮演着传达者的角色，因为她在耶路撒冷与埃胡德 · 奥尔默特政府关系良好，又在黎巴嫩加强与福阿德 · 西尼乌拉政府的关系，同时并未偏袒巴勒斯坦或阿拉伯任何一方。黎巴嫩战争结束以后，联盟在机场和船上为海上巡逻架设置了光电子扫描装置——少了它就不可能停火。令人惊喜的是，默克尔很早就让欧洲与八大工业国针对气候政策表达立场。小布什出席在海利根达姆举行的峰会时，首度承认：“啊，好像有个气候方面的问题必须

‘认真考虑’，到 2050 年时做到减少一半废气排放量的目标。”这就是一大进步。

然而，也不能说她的第一任期完全风平浪静。雷曼兄弟公司在这个任期结束时破产，就在国会大选前一年，令人坐立不安。那一整年，全球的金融体系、监管及治理，成为所有外交讨论的主要议题。除了一般性的政务之外，担忧金融市场崩溃凌驾于所有政治议题之上。2008 年 9 月的金融危机，实际上为默克尔这位世界政治家制造了新的开端。从那以后，除了市场情况、银行稳定性、货币生存战，以及随欧债危机而来的政治板块移动之外，她简直没有其他议题可谈。没有雷曼兄弟公司，欧债危机不致如此严重，而 2008 年秋天上演的援救戏码，只是货币灾难的前奏而已，货币灾难在两年后袭击欧洲，并为默克尔提供了议题的舞台。

默克尔的外交左右手

有两位同党的部长在默克尔的外交上扮演着不同寻常的角色，他们是托马斯·德迈齐尔（后称小德迈齐尔）和朔伊布勒。小德迈齐尔是默克尔第一位政坛上司的堂弟，两人在他担任总统办公室主任时结识，他的组织能力以及团队合作能力给默克尔留下了良好的印象。因此默克尔很早就决定要任命他为总理府主任，共事合作。但是，到底怎样才叫作管理总理府，怎样做才能让政府团结一致呢？前任施罗德可没留下什么参考手册，但每一位总理都会发展出适合自己的独特方法。默克尔有条不紊地开始打电话给时任英国首相布莱尔，与他建立起令人赞叹的朋友关系。不知道这个英国人，能不能提供一点儿课外辅导？

布莱尔表示愿意协助，于是小德迈齐尔搭飞机到伦敦见习两星期。他陪同布莱尔的首相办公室主任在唐宁街办公，学习一切相关事务，如立法程序、公文流程、审批权、如何控制特务机构以及业务规范等。他研究了哪些人熟悉哪个圈子、谁有渠道接触到首相、如何有效安排政府领导人的行程、如何留住优秀的顾问等。小德迈齐尔的努力有了成果，他也成为默克尔至今不可或缺的幕僚，尤以外交问题见长。

朔伊布勒是外交上的另一个支柱，尤其是在欧洲政治方面，默克尔与他建立起很特殊的关系。总理与这位财政部部长都才思敏捷，在内阁里堪为匹敌。朔伊布勒在其公职生涯中遭遇过不少暗算，培养出一种充满自信的镇定自持，谁也打不倒他。他有一种浑然天成的权威，这让默克尔对他很尊敬。“尊敬”是对他俩关系最好的形容，默克尔把总理这个工作做得如朔伊布勒之前想象的一样，让他很尊敬，默克尔则尊敬朔伊布勒的独立与坚强。

这两人在欧债危机期间数度意见不合，默克尔很不信任欧盟执委会，坚持参与国际货币基金组织的营救计划，但在贯彻执行策略以及评估事件时，朔伊布勒始终都是她最重要的战斗伙伴。欧债危机爆发的第一年，朔伊布勒在医院躺了好几个星期，他沮丧地以为自己已经没有政治前途。就在他深为苦恼之时，两人的密切关系就凸显出来了：朔伊布勒想辞职，但默克尔再三挽留。最后她打电话给朔伊布勒的妻子，请她要朔伊布勒好好休养，认真想一想，打消退休的念头。默克尔想，也许他会听妻子的，结果也的确如此。

外交也是结盟政治，所以默克尔从来不敢奢望与自民党组成联合政府，她也不敢奢望她的奔忙带来的问题会比与社民党共事来得少。这不仅与外交部部长的个性有关，也牵涉各个联盟进行中的协议。理论上，战后德国的历史一直遵循着一个铁律：总理来自联合政府中的最大党，外交部部长则出自第二大党，并兼任副总理，只不过偶有例外。依照这个模式，1982~1996 年，基民党与自民党合作，社民党和绿党共同执政。到了默克尔执政时就不太一样：她当选时，社民党的主席弗伦茨·明特费林当选了劳工部部长的职位，当然还兼任副总理。这对联合政府是有好处的，社民党以微小差距在国会选举中失败，希望借由实力强劲的副总理来支撑他们受伤的自尊心。明特费林成功地执行了这个聪明的策略：他做事讲求实际，但喜欢制造不愉快。

意见不合的外交部部长

这样的职位调整也有利于外交，施泰因麦耶虽然为社民党接掌了外交部，但不太容易受到联盟义务的牵制，也不必非要顺着党的意思行事。此外，他曾于施罗德时代担任总理府主任，也为政府领导人监督每一份内阁卷宗，精通相关事务，之前还曾管理过总理府的密件，对外交一点儿都不陌生。他把有丰富经验的欧元顾问赖因哈德·西尔贝尔格从总理府带出来，进入外交部当国务秘书。施泰因麦耶从一开始就充分了解默克尔能给他多少发挥的空间。虽然施罗德为德国外交留下了一片混乱，但在个别议题上，社民党和联合政府通常很快会保持立场一致。唯一的例外是对土耳其的政策主张，社民党希望加速推动土耳其加入欧盟，联合政府却只支持土耳其“享有特殊的伙伴关系”。

在联合国召开成员国大会前，施泰因麦耶顺利进入政府的外交体系，这一点值得探讨。这场盛大的国家聚会每年 9 月在纽约举行，为新当选的政府领导人提供了展现自我的绝佳舞台。但这回由施泰因麦耶代表新任联邦政府发声，而且还向世界宣告：德国在和平任务等国际事务上十分可靠。在这位外交部部长的演说中，“和平”这个词一共在他口中出现了 15 次，表达出德国是这个世界人民联盟的忠实仆人。有了施泰因麦耶这句话，默克尔通过了国际疑虑的考验。

施泰因麦耶与默克尔的关系中规中矩，但不够真诚。默克尔把再靠近一点儿距离的机会留给了结盟伙伴、社民党主席明特费林。话说回来，施泰因麦耶具有的施罗德遗留色彩太浓了，使他很难毫无保留地向这位胜利者投诚。一段时间后大家都知道，这位外交部部长喜欢挑剔总理的外交政策，有时甚至会巧妙攻击，却又不致影响联合政府。那位来自伊利诺伊州的年轻参议员（奥巴马），希望在迈向白宫的路上在柏林稍事停留——施泰因麦耶就在柏林地标勃兰登堡门前，与默克尔划清了界限。施泰因麦耶觉得这个点子妙不可言，认为这是德美关系良好的明证，他着眼的是德国社会中热情洋溢的多数人。相反，默克尔却有被奥巴马利用的感觉，一位外国政治人物在德国最重要的国家象征物前举行选举活动，她怎么想都不对劲。

默克尔和施泰因麦耶产生严重矛盾是在 2007 年 9 月，默克尔在总理府接见宗教人士，施泰因麦耶认为不妥。这个插曲在总理和部长之间制造了真正的分裂。

施泰因麦耶公开批评默克尔，默克尔对此则不表达意见。施泰因麦耶认为默克尔必须清楚理解，在外交上，理想主义与政治现实之间不是平等的。他自己就在总理府内，执行了许多务实的政策。

有分歧却能顺利合作

两人关系真正变得复杂是在 2007 年秋天，施泰因麦耶接任明特费林留下的副总理之职。明特费林为了照顾重病的妻子退出政坛，而施泰因麦耶明白，自己必须当仁不让，争取成为下一届国会大选的首席候选人。2008 年 9 月确定，他将成为默克尔的挑战者。尽管两个人即将成为对手，但他们仍然一起共事，而且成绩尚可，这是那个阶段里引人注意的成就之一。个中原因有二：施泰因麦耶的团队以及他的基本信念。

首先，施泰因麦耶组织了优秀的团队，为他分析外交方面的缺失并加以整顿。于是，施泰因麦耶集中精力在能源安全和中亚议题，拟出新的对俄政策，并尝试在叙利亚担任近东使者。他积极求进，不时与总理府产生摩擦，在公开场合尤其明显。默克尔及时任美国国务卿赖斯，尤其不喜欢施泰因麦耶有意把叙利亚总统哈菲兹 · 阿萨德从被孤立的状态中拉出来。

默克尔也对施泰因麦耶的对俄政策不以为然，德米特里 · 梅德韦杰夫（Dmitry Medvedev）当选俄罗斯总统的隔天，施泰因麦耶就在布兰特基金会的讲座上大谈新的欧洲东方政策。他提议制定“和平规范，把泛大西洋联盟国家及东边的邻居统统纳入进来”。几个月后，梅德韦杰夫着手研究这个议题，然后提出新的“欧洲和平规范”，他完全没有把相对活跃的北约组织纳入计划。这当然很不合默克尔的胃口，在她看来，俄罗斯提议的新安全政策规范，无异于想要巧妙地弱化大西洋联盟。

这些异议之所以没有导致决裂，要归功于两人在竞争关系中还能秉持其专业性，产生原则上的共识。对于德国在世界上应扮演什么角色，施泰因麦耶和默克尔的看法并非南辕北辙。要是施罗德，早就不准施泰因麦耶拿外交政策当作选举策略，特别是在战争及和平的议题上——他可不是省油的灯，颇谙引起群情激愤之道。

2009 年，距离国会大选尚有 4 个星期，联邦国防军驻阿富汗昆都士指挥官下令空袭两辆油罐车，爆炸导致许多老百姓死亡。因此，阿富汗议题引起激烈争辩，社会广泛讨论驻军到底有无意义。施泰因麦耶既不赞成排山倒海般的撤军要求，也不同意针对驻军的批评，虽然这样做会很受欢迎。他与国会各党团多次承担授权出兵的责任，也支持昆都士的空袭行动。即使输掉国会大选，他仍忠于自己的主张，而且会公平对待昔日的内阁同事——因空袭事件焦头烂额，最后只得下台的国防部部长弗伦茨·约瑟夫·荣格。

2009 年政党轮替，使默克尔陷入真正的停顿。没有人料到一个任期的事情多得可与德国统一那年相比；没有人料想得到，欧元这个货币，这个把欧洲国家团结起来的磁性核心，眼看着就要垮了；更没有人想得到，在这混乱的时刻，最动荡不安的因子就出在德国内政，出在联合政府的伙伴关系——基民党与自民党之间。

第二任期的惊涛骇浪

很多人都说，危机也就是默克尔的转机。无可争议的是：若不是默克尔在多次危机中稳住了欧洲与德国的局势，她不会跃升为欧洲无可争议的领导人。默克尔掌握大权不是为了自己，而是为了德国。没有哪位政治人物会自愿谋求危机，将危机堆积起来就会破坏其他一切政事。政治的目的是改变危机的周期，并强迫危机接受政治的节奏。危机让默克尔变得强大。

默克尔的第二个任期有个主要动机，那便是通过危机为稳固执政权奋战。对默克尔来说，这就是在争取联合政府的主导权。从 2009 年 10 月开始，政党轮替为基民党–自民党结盟，毒素便渗入千丝万缕之中，一次又一次撼动着政治主体。欧洲骇人听闻的消息此起彼伏：希腊财政数字造假，使这个国家债台高筑，无力偿债；爱尔兰和葡萄牙财务困难；西班牙拉起警报并陷入恐慌，意大利后来跟进。这些政府一个接一个倒下，领导人换了一个又一个。这期间还有高峰会议，欧盟成员国的政府领导人为了保住他们的货币及利益挑灯夜战，一场接一场。各国的愤懑日益高涨，起初是个别发生，后来逐渐发展成遍地开花：有人把默克尔描绘成留着希特勒式的小胡子，或者手持马鞭；懒惰的希腊人说，干脆把岛屿卖掉算了；有人说默克尔是魔鬼终结者，西班牙的投机者无论如何都还有实力竞拍柏林的不动产。

那么，使用什么策略才能对付这个危机呢？这早就不只是欧洲人的问题了，全世界都被牵连进这个危机阴谋之中。所有人都在威胁、乞讨、哀求、大动肝火，他们唯一的目的地是：柏林，威利–布兰特街，总理府。默克尔坐镇 7 楼，吸引了所有的希望与期待，当然也招来了问题。她的领导威信因德国强大的经济而不断成长，但这个世界的问题却未见减少。

2011 年 12 月，一位突尼斯卖西瓜的小贩以自焚抗议政府专政，引发了阿拉伯地区的暴动。一开始是突尼斯和埃及，然后利比亚在 2011 年紧跟其后：一场内战，因为北约成员国的介入而停止，但德国没参加。联合国安理会投票赞成划出禁飞区，因此联军驻防实际上就由北约组织领导。德国并不赞成，因此弃权。默克尔拒不服从，她的外交部部长和联盟伙伴韦斯特韦勒也一样。一场联盟政治灾难一触即发。又是她，忧心德国的“特殊道路”[①]，担忧施罗德思想会在另一阵营的操纵下复苏。社民党与绿党大为愤怒，基民党-自民党联盟在同意人道干预的同时，却也因而分裂了，饱受它自己选择的孤立之苦。

2011 年是外交上很特别的一年，另有一波高潮来袭。3 月 11 日，日本海岸的海底地震，海啸肆虐，这场自然灾害演变为一次核能灾难。福岛核电站有三个核反应堆的核心熔毁，在电视实况转播中轻微爆炸，辐射可以让人看不见、食不知味。这一幕让远在万里外的德国陷入恐慌，促成一个即时的政治决定：物理学家默克尔对原子技术安全性的信仰产生了动摇，并下令修改核能政策。与此同时，她还要吞下失利的苦

① “特殊道路”是德国历史上极重要的概念，认为德国的文化和历史发展，使其走上特殊的政治之路，既非欧洲式自由民主，也非亚洲式专制，而是介于两者之间。这个观念使得西方国家于 1945 年开始担心德国会退出西方联盟，在北大西洋公约组织与东方之间另辟蹊径。

果，联盟党派在重要的巴登–符腾堡州等地方议会选举中败选。总理府的人后来说，这个任期真让人惊慌失措。

薄弱的执政联盟

默克尔这惊涛骇浪的一年，还不只因外交上的灾难连连，联盟太弱也是原因之一。内政方面，刚形成基民党和自民党组成的梦幻联盟，却又与欧元和阿拉伯世界同时坍塌。韦斯特韦勒及自民党在国会大选中得到 14.6% 的选票，于是自民党踌躇满志地展开结盟对话。这位党主席很自然地要求拿回副总理之职，以及传统上属于自民党的核心位置：外交部。这项决定出自好几次错误的评估，后来大家才恍然大悟，为何这样的联姻无法成功：几年以来，基民党和自民党一直以为双方都在互相等待。科尔政府结束后，另一种想法浮上台面，即中产阶级联盟应有一种不言而喻的行事风格，必须遵守政治上的约定俗成。没人想到，自民党已经戒掉了这样的处理政务的习惯。

自民党不参与执政已经长达 11 年，而韦斯特韦勒虽然在自民党高层 20 年，但根本无从累积处理政事的经验。领导一个有几千名人员的部门，毕竟比在自由民主党中央的组织内工作复杂得多。基民党恰恰相反，其重掌权力已经 4 年，大联合政府被建设得比想象中还强大。除此之外，默克尔和同党同志都察觉到，他们将会独自决定外交政策，而韦斯特韦勒在外交部，也必须看清一个痛苦的事实——外交已经成为总理府的势力范围了。再者，韦斯特韦勒担任反对党领导人时，从未展现出外交家的姿态。他擅长的是传统的内政事务，在必要时也是公认的伶牙俐齿的辩论好手。他虽然在反对党内也建立了一些国际关系，却对全盘的外交工作却不甚了解。

一开始的结盟协商都以基民党的看法为主，简单来说是一团糟。充满自信的自民党有他们的具体想法，但很难贯彻执行那些想法。从韦斯特韦勒要求美国撤出德国境内所有战略核武器这件事，就可窥出端倪。这个要求并不过分，而且非常受民众欢迎，但会惹来极大的麻烦。从白宫到克里姆林宫都可以感受到，德国想要巩固北约组织，并畏惧核武器。简言之，这使得西方世界的安全政策以及核武器形势产生了动摇——一旦这座核武器建筑物动摇起来，甚至倒塌，所需的善后措施想必不是柏林的一次结盟协商所能应付得了的。无论如何，韦斯特韦勒有这种想法，在联盟中引起一阵混乱，他们想知道这到底会如何影响他们与新政府之间的关系。外交部部长难道想摧毁联盟的根基？总理府内水波不兴。到最后只证明了，韦斯特韦勒看不懂外交。

默克尔与韦斯特韦勒之间其实有一种互信的关系，他们在同为反对党的那些年就有互动，于公于私都走得很近。他们联手将霍斯特·克勒送上总统宝座，并因此暴露出社民党与绿党的缺点，而两人也都希望有一天能执政。但如今目的达到了，灾难却接二连三。

德国总统闪电辞职

事情从 2010 年 5 月 31 日开始，这天一个国家危机从天而降。从 2 月以来的态势可以明显看出，希腊即将为欧元区制造更多的问题。大约就在这个时间点，财政部部长朔伊布勒住院动了个例行的手术，尚未完全恢复元气。旧病复发加上休养时间比较久，他的身体好几个月以来都很虚弱。接下来，5 月 9 日，基民党–自民党政府在北莱茵–威斯特法伦州议会选举中被刷了下来，这对联邦政府而言是一次沉重的打击。韦斯特韦勒感同身受，因为他也在自己的家乡败选。5 月 31 日，默克尔收到一则消息，把这些问题推到了顶点。

这天上午默克尔人在基民党总部，下午本来打算去波扎那训练营探访德国国家足球队。总理办公室主任鲍曼却传来消息：左派党的党主席要求总理和总统表态。以色列军方在前一天夜里拦截了一艘加沙活动分子的船只，造成数人伤亡。有几位左派党国会议员也在那艘船上，现在被以色列监禁起来。默克尔回复，她将与总统克勒谈一谈。

默克尔显然认为，克勒总统会和她立场一致。半小时之后，默克尔语气阴沉地打电话给她的办公室主任：总统并不担心加沙的局势，因为他想辞职。默克尔怒火中烧，大家在将近一年前投票让克勒连任，那可不是容易的事。现在总统饱受压力，因为他在一次访谈中不假思索地说：必要时，会动用德意志联邦国防军，确保德国能够取得原材料资源。类似的话虽然在国防白皮书中也找得到，但克勒却得忍受各方的大肆批评。默克尔认为克勒应该挺得过来，但他觉得自己声望受损，获得的支持又太少，于是萌生去意。第一次通话想必不太愉快，据说默克尔还提高了嗓门。不久后他们第二次通话，情况没有任何改变。克勒在下午两点召开记者会，首都柏林的媒体压根儿没料到是什么内容，电视台根本不考虑要现场直播。

对联盟而言，找一位新总统困难重重，默克尔使自民党同意她属意的武尔夫，但是德国总统府依旧是基民党-自民党联盟沟通不良的局面。武尔夫做了不满两年也递出辞呈，自民党的代理党主席菲利普·勒斯勒尔出其不意地提出，下一任总统应由高克担任。默克尔很困惑，勒斯勒尔怎么能这样？他为何这样做？

高克是社民党-绿党联盟敌营推出的候选人，之前与武尔夫竞逐总统位置。默克尔很尊敬这位公民法学家，两人的政治观点也很接近。但是联邦政治的颜色理论再清楚不过了：在这个问题上，即使那位候选人很杰出，总理也不能屈服反对党的意见。若屈服，她将颜面尽失，等于公开示弱。现在来了一个勒斯勒尔想让默克尔难堪，大家认为他顶多是装腔作势罢了，但为什么他从中抽取的利润却如此之少？他为什么敢大肆地赞美自己，连别人都替他难为情？默克尔怎样也看不出这场权力表演的意义何在。大众的看法很摇摆：这个政府的小伙伴，硬塞一个反对党的候选人给总理，却又丝毫看不出这样做对国家有益。这既没有提高默克尔对自民党的兴趣，也没有加强她对这个党以及这个联盟的信任。

与盟友外交部部长的恩怨情仇

总理府内对自民党的意见很一致，特别是韦斯特韦勒上任第一年的表现：他其实可以再多做一些，集中精力在少数几个议题上，突出重点。结果，他反而经常摆出一种姿态，让人觉得党以及国家对他很苛求，他不仅被追着跑，又毫无计划。欧债危机发生之初，他甚至站在希腊人那边。默克尔有没有把这位以“你”相称的朋友拉到一旁，给他一点儿忠告？

就外界所知，政府并没有举办心理治疗式的会面。默克尔很少卷入联盟伙伴的问题，不像她关心其他国家领导人那样。她保持距离，观看这出韦斯特韦勒的悲剧。诚然，两人依旧十分信任对方，每当韦斯特韦勒与她通电话，她一定会把所有人员都请到门外。对她来说，他一直都是她在自民党内最核心的消息来源，她信任他胜过信任勒斯勒尔。

对韦斯特韦勒而言，党内这次突然的重跌是个重大转折，就发生在欧债危机这一年。外交部部长和党主席遭人批评之后的几个月，还有两件大事在推翻党主席一事上有关键性影响：2011 年年初州议会选举失利，还有利比亚事件。德国并未在联合国安理会投票赞成划定跨越利比亚的禁飞区，也不支持北约组织中的联盟伙伴。德国愿意站在同样弃权的俄罗斯和中国那一边，它们一贯以折中的态度看待各种干预措施。

默克尔和韦斯特韦勒在这方面态度一致，认为德国应该置身事外，但他们没料到，这个决定会在国内以及西方联盟中造成一场风暴。韦斯特韦勒觉得有必要再三公开解释为何弃权，却只让事情每况愈下，而默克尔则保持沉默。柏林突然有谣言散播，说韦斯特韦勒其实想投反对票，是因为默克尔施压才弃权。总理府予以驳斥，否认是总理府制造的这则谣言。但韦斯特韦勒非常愤怒，觉得自己被孤立，而默克尔公然让他蒙羞。这让他回忆起 2010 年 9 月默克尔也忽视过他，当时德国正在全力争取联合国安理会的非常任理事国席位，非常任理事国的团队每两年改选一次。韦斯特韦勒希望从一开始就保住德国的候选资格，默克尔则犹豫不决。加拿大和葡萄牙也加入了竞选，她不希望跟这两个国家起冲突。但是，韦斯特韦勒奋战不休，等到决定参选后，只花几个月就打了一场漂亮的选举战，不过承担风险的是他自己。最后，德国果然在联合国大会上，获得了必需的多数选票。

这是韦斯特韦勒个人的凯旋，却也可能是一次艰苦的失败，因为它为外交部部长造成了一些后果。投票当晚，默克尔已在从纽约回柏林的路上，在飞机快降落时听到了这个好消息。联邦新闻部一大清早就把大批摄影机请到机场，总理就在跑道上宣布了这场胜利。人还在纽约的韦斯特韦勒火大极了，她没有把功劳归给他。关于利比亚和安理会的会员身份，韦斯特韦勒周边的人说 :“好的她都自己留着，坏的她就随便丢。”这话已经传了好一段时间。

支持外交部部长，挺过党内风暴

州议会选举惨败后，由于利比亚的插曲以及自民党的状况，使得自民党的成员都渴望出现一个祭品以转移焦点。巴登–符腾堡州败选后几天，韦斯特韦勒宣布辞去党主席，但自民党内的许多人并不认为这样账就清了，韦斯特韦勒在利比亚一事上所扮演的角色，现在变成了麻烦。

新的党主席勒斯勒尔虽然一开始就为自己争取到副总理的职位，但他从第一时间就难以坚持自己的威信。2011 年 8 月底，他在一场不对外开放的跨党派会议上寻求决定，目标就是韦斯特韦勒。外交部部长难道不应该交出他的职位，让自民党有一个新的开始吗？于是韦斯特韦勒变成了皮球，被自民党内追逐权力之辈和总理踢来踢去。最后，韦斯特韦勒感谢跨党派主席布吕德勒和默克尔出面干预，把他留在部里。布吕德勒心不甘、情不愿，必须为勒斯勒尔张罗经济部部长的位子，他不愿意看到新的党主席获胜。至于默克尔，则认为韦斯特韦勒急转直下真没道理。

败北后的那几个月，韦斯特韦勒把它当作思考的空当儿，在部里发起人事变动。显然他心意已决，要多向外交部中的专业人士请教。他们建议他尽快打起精神，这样处理事情才会更深入且不离题。他起用了两位新的国务秘书，第一个是位女性，名叫埃米莉·哈贝尔，曾在担任主管时巧妙处理过棘手的事件，为外交部抢回统理外交事务的权力。第二个是哈拉尔德·布劳恩，他既是幕后操纵高手，也是沉着的分析家，现在他与总理府主任罗纳德·博法拉保持密切联系，并且主导外交人事事务。

韦斯特韦勒公开露面时，矜持克制多了，国会上演的争论场面没有他说话的份儿，党、超党派主席也比他更有优先发言权。于是，他潜心钻研欧债危机，在小团体内，他在这件事情上较为关心，懂得的也比较多。他与10位欧洲其他国家的外交部部长共同协商，讨论未来欧盟的结构与运作方式，此举惹恼了总理府。默克尔的幕僚不明白，外交部部长为什么就只和这10国协商，却把其他欧盟成员国排除在外，此举不正是强化了它们对德国的成见吗？没参加这个未来小组的人，都对此感到愤愤不平。

韦斯特韦勒希望借此告诉大家，未来欧盟势必由不同的利益团体组成，有几个团体为前导，其他后续跟进。今天的韦斯特韦勒总算能心平气和地谈谈他最初那两年犯下的错误，如今他已培养出更敏锐的洞察力，知道哪些议题是真正可以持续处理的。红地毯的荣耀尽失，外交部部长变得很消沉，欧债危机非常严峻，那些议题带来的负荷远大于乐趣。

外交顾问霍伊斯根

总理府密切追踪着他个性上的转变。整整两年，外交因联盟内的问题蒙受损失。一个令人惊奇的同盟出现了：为了平衡消长，总理府与外交部官员紧紧联系在一起，传统的竞争消失了。尤其是默克尔的外交顾问霍伊斯根和部里那位精明的哈贝尔女士，他俩认识好些年了，可以直呼对方的名字，也都很重视工作，通常每天至少通一次电话。

有利的是，欧盟对外事务部的一级主管当中，有一位德国高级官员黑尔佳 · 施密德，担任欧盟外长凯瑟琳 · 阿什顿的副秘书长，因此伊朗核武器谈判、与“麻烦邻居”乌克兰或白俄罗斯往来，抑或在近东地区斡旋时，施密德都担任欧洲最高级官员。到了默克尔第二个任期尾声，霍伊斯根、哈贝尔和施密德形成了德国权力的铁三角。不过，这三位重要外交机构的代表人物和谐共处的时候并不太多。

这种情形反而很适合霍伊斯根。默克尔执政期间的外交顾问群中，他从一开始就入阁，是总理府内最资深的人。有时他自嘲是老旧家具，徒然晾在那儿罢了；这当然是在故作姿态，更何况他在最著名的一幕中是坐在前排，而不是站在后面：八国峰会在戴维营举行时，霍伊斯根一个人窝着身子坐在会议桌边，身后则是美国总统、英国首相、欧盟执行委员会主席以及德国总理。默克尔板着一张脸，卡梅伦和奥巴马高兴欢呼，霍伊斯根的脸上则清楚地写着惊愕。这几个人正在观赏欧洲足球冠军联赛的决赛，拜仁慕尼黑队刚刚在点球大战中输给了切尔西队。霍伊斯根是拜仁慕尼黑队的死忠球迷，想必这是他在总理府任期间最惨淡的一天。

霍伊斯根是默克尔喜欢的顾问类型，有点儿让人捉摸不透，而且不会死缠烂打，还骑自行车上班。相比于巴黎或华盛顿那些职位与他相近的同事，他身上从来没有他们那种趾高气扬的感觉。霍伊斯根于1955年出生，在诺伊斯长大，保持着莱茵地区的怡然自得，但也很沉静和孜孜不倦，这肯定是在像圣加仑修道院那样的中学里学到的。他在欧盟外交与安全政治官员哈维尔·索拉纳的指挥部当主任时，默克尔便对他颇为青睐。霍伊斯根在那个阶段中最引以为傲的成绩都记载在一本小手册中，也就是他研究整理并撰写出来的第一个“欧盟安全策略”。

2005年大选后不久，默克尔邀请霍伊斯根到柏林访问，两人谈了好几个钟头，确信彼此有极高的共识。然后，默克尔派霍伊斯根去德累斯顿，与即将成为他上司的总理府主任小德迈齐尔面谈，他们也相谈甚欢。之后，霍伊斯根才刚进总理府，默克尔就对其委以重任。霍伊斯根提议进行上任后访问，在一天之内飞往巴黎、布鲁塞尔及华沙，宣告外交优势。除了华沙无法事先安排之外，其他地方都按照计划走，于是总理府内一位重要人物的事业就此展开。其他人都无法像他一样在默克尔身边撑这么久，只有办公室主任鲍曼女士例外。

霍伊斯根是外交事务的协调总管及顾问，为总理评估形势和草拟文件，为出访做准备，同时也负责政治运作，涉及阿富汗、北约组织、中国、俄罗斯。他伏案时，有一股细腻精致、谨慎机密又忠诚的感觉。每一趟出访他都陪同，在飞机上坐在默克尔桌旁，一起把演讲稿和草案巨细靡遗地看一遍。起初他有一次接受报社访问，表示很怀疑德国能否在联合国安理会拿下常任理事国的席位。外交部部长施泰因麦耶对此大发雷霆：幕僚不应接受访问，这是政治常识。霍伊斯根记住了这个教训，其实，不必公开登台表演，反而能延长任职年限。

欧债危机发生之初，霍伊斯根又有了新的经验：他的公文包用不了多久了，欧洲事务不再归他的部门管理，总理府内另设了一个部门。即使大伙儿密切合作，霍伊斯根也不缺点子，但其他工作变得无关紧要，总理的行程不太挪得出时间给他。所谓其他工作就是：霍伊斯根的顾客群，以及恳请他代为邀约的人；有时则是某位政府领导人打电话来，想与总理约时间，要求安排行程及演讲等。时间变短了、注意力也被分散了。如果外交部部长们来柏林，他们也很乐意与这位外交高官约在总理府会面，一切都和以往不同，而且外交部严密紧盯着职权界线。职权界线正在改变，部长的职权正在变弱，而总理的职权则越来越强——全世界都知道。

政局应对此有所反应吗？重心依然稳固吗？ 2002 年大选时，基民党就已经讨论过，要不要像美国那样设置国家安全会议。2005 年选举获胜后，这些计划并未付诸实践，联盟约束、党派均衡、部长们争风吃醋，这些因素都形成了阻力，于是默克尔没有继续花心思在这个议题上。实际上，总理府内的确成立了这么一个类似的外交战略中心。协调小组与国务秘书小组定期开会，一个月开一次会探讨阿富汗议题，也会在固定时间与外交部和国防部的国务秘书讨论安全政策。此外，还有所谓的新闻形势小组，由所有的媒体老板与总理府主任共同讨论；还有秘密召开的联邦安全会议，主要是为达成军火出口的决策。在这一切事务中，霍伊斯根都是筹备委员会的主席。

Angela
Merkel
Die Kanzlerin
und ihre Welt

第 6 章

心向美国

德国总理的美国梦

默克尔与美国有两种关系：一种非常私人，一种纯属工作。工作上的美国，是她身为德国总理，跟各国总统开视频会议、高峰会议，所看见的政治上强势的美国。这个美国如同政治风景中独自屹立的石头，牢牢占据着她的思想体系。价值、信念、策略，全都围绕着政治上的美国展开。但有时她也觉得，自己好像不认识这个美国，而且当总理越久，就越常有这种感觉。对默克尔来说，美国的内政功能不彰，不但有个让人捉摸不定的奥巴马总统，还有一种因怀疑国力日益减弱而形成的自知之明。

私人的美国，是一个充满梦想与感情的国度。默克尔在少女时期就知道这个国度，美国是她心中渴望的天地，一个能够实现自由和自我价值的地方。少女时的她很确定，要过了 60 岁生日才能获准到美国一游，而且前提是当时民主德国允许她这位进入退休年龄的公民到西方旅游。

但是默克尔 30 岁那年，就已经到了她的渴望之地旅行了。1990 年夏天，柏林墙倒塌未满一年，她与丈夫绍尔就搭乘飞机前往洛杉矶。

绍尔在那时享有极大的特权：民主德国研究单位将他提升为旅行高干，在柏林墙倒塌的前一年就已经获准去联邦德国了。这位不喜欢曝光的男人，日后在洪堡基金会的刊物上表示：“我等了好久。”据推测，这可能是他唯一一篇聊他人生的文字访谈。柏林墙倒下时，他还在提供他研究基金的卡尔斯鲁厄工学院工作。他在那儿认识了几位美国科学家，因此受邀去圣迭戈工作了两年，担任一家软件科技公司的技术副总裁。1990 年年初他开始在加州上班，夏天来临时，他想让默克尔一起来看看太平洋。

大约 20 年后的 2009 年 11 月 3 日，默克尔在美国参议院谈起这段往事，向美国道出心声。除了 1957 年的阿登纳之外，在她之前没有任何一位德国总理受邀至美国国会，向参议院和众议院代表演讲。1957 年时，默克尔只有三岁。孩提时她就喜欢电影和书本中的美国，喜欢她的联邦德国亲戚偷偷夹带，寄到滕普林牧师家的美国产品。几十年后她在美国国会，略带激动地打开当年因渴望绘成的一幅画。

与希拉里、赖斯惺惺相惜

她的声音听来有些紧张：“我欣赏什么呢？我欣赏美国梦，人人都有机会成功，凭个人努力就能达到成就的美梦。我像许多青少年一样，喜欢某个牌子的牛仔裤，在民主德国买不到这个牌子，所以我姑姑不时会从联邦德国寄一条给我。我欣赏美国的辽阔景色，能让人呼吸到自由以及独立的空气。1990 年我和丈夫平生第一次飞到美国，到了加州。我们永远忘不了第一次看到太平洋的那一刹那，壮观极了。"

"壮观"就是飞越大西洋后打开的那幅画，默克尔与绍尔从洛杉矶转机到圣迭戈，在这班往南飞行的飞机上，右侧便可俯瞰太平洋。默克尔一想到大海的另一端就是亚洲，便无限神往。他俩这一天晚上又去了海滩。

现在，默克尔还是常想去加州度假，然而时差加上距离柏林的遥远，使她无法如愿。总理府和这个度假胜地的时差相差 9 小时，对于时刻都必须让人找得到的政府领导人而言，是行不通的。然而在默克尔的总理生涯中，仍然时不时可见她渴望美国的痕迹。默克尔之所以欣赏克林斯曼，原因之一是他实现了她的梦想，搬到加州生活。除此之外，他和她一样也是外来者，这样的人让默克尔联想到加州：四海为家的人、曾经失败过的人，还有就算第一步走错了，仍能踏出第二步的人。

这样的人给了默克尔一条路，她当总理时也一样。默克尔坐镇柏林时，大家都很惊讶，竟然有那么多美国人能直接上了总理府 7 楼。她的工作人员知道，哪些人绝对可以排进行程中。其中一位就是基辛格，这位来自纽约的外交能人，停留从不超过一小时，通常半个小时就够了。

除此之外还有赖斯、希拉里、鲍勃·金米特。默克尔第一次当部长时，谨言慎行的金米特是美国驻德大使，当时他要求拜访她，因为这位来自民主德国的女士的经历让他赞叹。踏进妇女与青年部的大使并不多，默克尔也因此对他的来访印象深刻，直到今天仍与金米特保持着朋友关系。

同样给她留下深刻印象的还有两位女国务卿：赖斯与希拉里。由总理来接待国务卿其实不符合惯例，唯独赖斯和希拉里例外。有本事在华盛顿走出一条路来的坚毅女性，都让默克尔欣赏不已。她一直都觉得和希拉里很亲近，也希望她 2008 年时可以竞选美国总统（虽然希拉里自己之前从未公开表态）。默克尔与赖斯则更多是学术上的交流。赖斯走上仕途之前，曾在斯坦福大学政治系任教，她也是俄罗斯与东欧专家。1995 年，赖斯写了一篇文章，探讨德国统一以及欧洲权力板块移动这段充满戏剧性的历史，这篇文章至今仍是经典。她和默克尔一样也会说俄语，这让她俩有了更多的联结。

对美国的信仰一度动摇

美国的政治风格令默克尔着迷，在这里不必处处提防或耍心机，并且鼓励人就事论事、提出论据阐述分析。在某种意义上美国是个保守的国家，其社会政策绝对无法与德国及欧洲相提并论。默克尔知道，美国政治右倾的程度远超过德国，她并不想与之比较，但是他们论据之清晰与争论之尖锐，让她不由得不赞赏。让她迷恋的事情还包括：美国只有有限的总统候选人；其毫不遮掩极端性格的茶党掀起政治运动，使人们对社会的基本承诺产生疑问；国家救济的意义和目标有时被搁置一旁。那么，这个国家真的必须保有养老金制度吗？它能指望每位公民为自己负起多少责任呢？一个国家到底需要多少社团？民众能忍受多少不公不义的现象？

默克尔热爱比较，她脑袋里装着这把标尺周游列国：别人怎么做？我们又怎么做？我们能学到什么？我们有哪些优点？美国鼓励这种好奇心，刚好让德国人的脑袋也停不下来。美国乍看之下很眼熟，非常欧洲化，深受旧大陆的历史与文化的熏陶。然而，欧洲人每隔一阵子就会陷入绝望的深渊，因为美国有时也会坚持不让步、非常激进。

这种典型的欧洲发现之旅，默克尔也曾从头到尾走过一遍，而且早在她只能从西方电视节目上认识美国的时候，就经历过了。很早以前，里根与戈尔巴乔夫在冰岛展开限制战略武器谈判一事，曾使她对美国的信仰严重动摇。

1986年10月，里根在冰岛首都雷克雅未克拒绝了戈尔巴乔夫大幅削减战略核武器的提议，他不愿按戈尔巴乔夫的要求撤下他在太空中的防御导弹。在冰岛上那幢白色木屋里的谈判无疾而终，连对外说明都没有，遑论结论。里根看起来态度强硬，一副准备迎战任何冲突的姿态。但是，他是否失去一次和解的大好机会？新阶段的冷战是否就要开始了？

东柏林的党内分析家很快就对这场峰会做出诠释。对民主德国来说，戈尔巴乔夫的路线太软弱了。心里要有最坏打算的论调，渗入默克尔工作的科学院。会不会爆发战争？默克尔原本对美国以及里根的智慧持有信心，这下子也摇摆不定了。意志薄弱只维持了几小时而已，到了晚上，绍尔再度稳住了她对西方的信仰。科学家绍尔在美国生活过，至今仍在默克尔身边扮演着分析美国的重要角色。

德美两国共同价值的基础：自由

默克尔在工作上向美国靠拢，始于 1991 年 9 月，科尔总理带着大批随从启程，要到美国访问 6 天。这真令人啧啧称奇，现在的出访很少需要一个星期。科尔先飞到加州，再飞往华盛顿。代表团中也有女性，妇女与青年部部长默克尔是其中一位，科尔想把她介绍给美国人，视她为两德统一的新标志之一，同时也作为他政治上的接班人出现。除此之外，他也希望让大家觉得带她来美国，代表他对她很好。一旦科尔想要做什么，他也可以体贴入微得让人心烦。一同出访的人记得，默克尔试着摆脱科尔的无微不至与细心呵护，而科尔和科尔夫人，以及科尔办公室主任尤利亚妮 · 韦珀则不停地把她往前推，要她走在最前面一排。根据记录，她有时会停下脚步。至于这位年轻的部长应该穿何种正装，也是由科尔的亲信打理的。

在一个国家公园里，科尔想为默克尔介绍美国大自然的奇迹，默克尔却不冷不热地说，她早就和丈夫来过，也都看过所有的风景了，这让科尔颇为受伤。类似这样独立的个性让他觉得受侮辱，受他保护、听命于他的人竟然这么独立，在他不知情的情况下已经来过美国了，这完全不符合他家长式的想法。至少默克尔已经表示，感谢这趟出访能与已出现阿尔茨海默病征兆的里根见面。她还在民主德国时，就十分崇敬说一不二、不屈不挠的里根。这场会面是在里根位于圣塔芭芭拉的农场举行的，里根夫人南希也出席了。

对于这位她少年时期崇拜的政治英雄，默克尔的看法至今也没多大改变，里根在西方的形象符合早年华沙公约组织相关人士的观察，这位作风鲜明又敏锐的前美国总统让他们难忘。默克尔其实很愿意多赞美一下这位冷战时期的总统，但她不希望别人认为她继承了任何政治典范的路线，所以竭力避免。

默克尔的美国印象和科尔略有不同，她没有感激这样的主题。在科尔心中，美国将德国从纳粹的野蛮行为中解放出来，而且华盛顿义无反顾地支持德国统一，两者都至关重要，因此他始终在表达自己心存感激。而默克尔谈到心存感激时，听起来比较像是在尽义务，喊喊泛大西洋的口号，她自己比较爱谈的是友谊。每一个问她华盛顿之旅的人，都会担忧地附带提出一个问题，这让她很困扰：她与美国总统的关系究竟好不好？德国人或欧洲人有什么可以端上台面的？或者，美国是否早就从昔日的盟国身边转头走开了？这些问题都透露出德国缺乏自信、不够独立自主的态度，而默克尔则将友谊定义为平起平坐的会面。

诚然，默克尔并非从一开始就信心十足，而是经过了一番努力学习的。默克尔对美国的政治印象，体现出一系列重大事件：冷战、制度竞赛、不自由与自由之战。自由对她来说就是美国，她把这个国家的安定繁荣归功于自由。默克尔眼中的美国在政治上主要是西方价值的堡垒，也就是写进《独立宣言》和宪法里的精粹。她在参议院的演讲中说："共同的价值基础引领欧洲人和美国人站在一起，并团结起来。这是一幅共同的图像，由人类及其不可剥夺的尊严组成，也是对'负责任的自由'所产生的共同理解。"

永远不反美，就算总统是小布什

"负责任的自由"是默克尔的密码，也就是发出平视的信号：你是我的伙伴，但我们也是你的伙伴，所以你的行动要与此相呼应，我们也一样。再深入一些来说：泛大西洋关系是德国外交的核心，无论现在是小布什还是奥巴马在位，都是一样。没有哪位总统会恶劣到为了他的个人利益牺牲与某个国家的关系。对默克尔来说，美国、欧盟及以色列就是德国外交的基石。默克尔有时候会谈到原则，尤其是与以色列有关的事。但她想表达的内容都一样：德国永远都不会制定出反欧盟、反以色列或反美国的政策。

正因为这样，2003 年伊拉克战争前夕，小布什面对各方的指责时，默克尔却不愿为他打上撒旦的烙印。然而，在施罗德担任总理时，大多数德国人的意见让她和所属政党陷入了空前的外交危机。从 2002 年夏天到 2003 年 3 月 20 日伊拉克战争开始之间，德国罕见地为外交政策争吵不休。

2002 年初夏，纽约的世贸中心及华盛顿的五角大楼遭恐怖攻击后的 9 个月，小布什政府搜集到越来越多证据，不仅打算将塔利班分子逐出阿富汗，也要展示美国的强大，还打算为恐怖袭击中死去的同胞复仇。在 2002 年国会大选时，施罗德就已预料到美国会这么做，并决定将外交也列入竞选的核心议题。8 月 5 日，施罗德在汉诺威的歌剧院广场展开街头竞选，也开启了他主攻外交的竞选策略。经过了冗长的社会政策、教育政策以及内政改革议题，外交议题会让群众兴奋不已。施罗德谈到世界出现的新危险、恐怖威胁，添了一句："我们准备团结一致，但这个国家在我的领导之下，将不会为冒险活动效劳。"

"冒险活动"指的是小布什以及可能入侵伊拉克的局势。群众报以热烈的响应，施罗德明白，自己找到了可以发挥的议题："我只能警告大家，小心战争或军事入侵这些玩意儿。"群众的掌声实在太迷人了，施罗德话锋再一转："这些我们都不参加。"

这些话让基民党首席候选人施托伊贝尔冷不防挨了一记闷棍。直到今天，默克尔身边的人仍说：从运动的观点来看，施罗德很聪明，他抓住了德国人想要的感觉。但在政治方面，不只施托伊贝尔一位候选人要面对这个问题，基民党主席默克尔也因其“永远不反美国，永远不反欧洲”的想法与主流不一致，所以很不讨喜。要是施罗德对冒险活动让步，便会衍生出一个状况：欧洲分裂，导致突然出现轴心力量①或巧克力力量②，又制造出五国以及十国团体（皆指伊拉克战争期间，不与美国意见一致的欧洲国家）。有的国家与美国明确划清界限，也有议会党团主张对萨达姆·侯赛因施以军事压力，或者基于策略考虑，希望避免与美国决裂。

尝试阻止对伊拉克动武

默克尔从头到尾都属于议会党团的谨慎派，希望不计代价地避免与美国发生冲突，维护欧洲的完整和团结。日后她在诸多访谈中提及，她尝试借立场一致的欧洲阵线阻止小布什在2003年年初入侵，或者至少把军队进驻时间延后半年。这样应该可以争取到时间，在不动武的情况下把萨达姆逐出伊拉克。她论据中的第二个重点是，她一直都不懂，为什么美国仅凭不可靠的证据就想证明伊拉克拥有大规模杀伤性武器。时

① 轴心力量指法、德。——译者注

② 巧克力力量指法、德、比、卢。——译者注

任美国国务卿科林 · 鲍威尔在联合国安理会上的争辩，她认为并不足信。鲍威尔还用一种很奇特的方式说，萨达姆坐拥一间可航行的化学武器实验室。

在默克尔看来，这件事再清楚不过：美国对付伊拉克的措施有很多，但萨达姆坚决反抗全人类的意志，于是联合国将维护其威信，彻底执行那些措施，包括武力威胁。她在接受记者胡戈 · 米勒–佛格访问时说道："伊拉克战争开始前那段时间，我真的很难过，因为我知道独裁者心里在想什么，又会受到哪些影响。我实在很难冷眼旁观。看到有些人把自己搞得很可笑，联合国提出的 17 种措施全都没发挥作用，于是只剩下一个办法了，但我们无法在一定时间内达成协议。最后，德国总理在某个广场露面时说，管它联合国要干什么，我们不参加，就是这样。"

2002 年秋天到 2003 年年初那段时间，称得上是默克尔为外交准备的阶段。在输掉国会大选后，她摘下了议会党团主席默茨的乌纱帽，很早便要求登记为下一届总理候选人。她需要有人追随，也需要让当时党内的保守势力相互抵销。她必须建构清楚的外交轮廓，而党内的许多专家都希望为党主席分析世界局势：国会党团外交发言人弗里德贝特 · 普夫吕格尔自愿为这个议题辩护，他认为伊拉克持有大规模杀伤性武器。3 月间，他原应陪同默克尔造访华盛顿，希望经由媒体的报道使这趟行程再一次提高她的声望。

之前的几个星期都令人神经紧绷，联合国安理会不断处理伊拉克的事务，各国召集了军队，战争危险性升高，大家的语调越来越尖锐。圣诞节前不久，时任外交部部长菲舍尔在接受《明镜周刊》的一次访问中说，假使联合国安理会允许发动战争，他推测德国将会赞成出兵伊拉克。菲舍尔此话一出，摆明就是反对施罗德总理的方针。联合政府中一场严重的冲突正剑拔弩张，施罗德当然不会放任自己的外交部部长不听话，因为总理才应该有最后的发言权。1 月 21 日，他在下萨克森州议会选举期间，于戈斯拉尔的一个广场上做出答复。施罗德说，即使联合国投票赞成出兵，德国也不会同意入侵。

施罗德的话在联盟内引发了冲击，德国究竟该站到哪一边？美国天生玩世不恭的国防部部长唐纳德·拉姆斯菲尔德正嘲讽着旧欧洲。菲舍尔 2 月间在慕尼黑的安全会议上，直接当着他的面说："部长先生，我们可不确信。"这句话把这位美国人心中对旧欧洲的怒火煽得更旺。

忧心德国再度被国际孤立

但欧洲至少有少数几个人是确信的，默克尔个人就很有把握，这场战争应该不致让泛大西洋决裂，也不会让欧洲蒙受损失。她针对这个问题的回答刊登在 2 月 20 日《华盛顿邮报》第 39 页。这么巧，又是《华盛顿邮报》，默克尔很少会主动展现自己的勇气，也很少自愿身处险境之中。到目前为止，她只有两三次因为高风险的决定，受到别人的注意。当环保部部长时，她为了核废料存放问题前往戈莱本，当地人激烈反抗，堪称一次冒险之旅。1999 年圣诞节前，她写下致基民党领袖科尔的决裂信，在《法兰克福广讯报》上发表，震撼了被献金丑闻叮得满头包的基民党。默克尔踏出这关键的一步，朝着党主席的方向迈进。

“我们不知道这会触碰到什么，我们必须经历它。”每当遇到风险、无法俯瞰全局时，默克尔经常会这样告诉她的幕僚。2003 年 2 月 20 日，《华盛顿邮报》把这位德国反对党领袖的文章刊登在民意论坛上，也是用这句话作为标题。默克尔借这篇文章，与总理的伊拉克政策进行比较，这是前所未见的做法。有条不成文的规定是，媒体不该在国外通过报纸来攻击自己的政府。最负面的说法是，这篇文章有巧言哄骗的意味，甚至显得胆小。默克尔在文中谴责施罗德玩选举花招，批评法国政府“攻击”东欧新的欧盟成员国，“只因为他们向泛大西洋的伙伴投诚”。她警告大家注意德国外交的噩梦：德国可能会再度在历史上被孤立，被排除在外。

这就是反对党领袖默克尔的忧虑：德国可能会脱离于西方价值联盟，施罗德可能会持续与美国决裂，与这个帮助德国在“二战”后重建起来的国家以及西方联盟都应感谢的国家形同陌路。有一种毒药使德国在历史上频频被逼上孤立之路，导致最终堕落，而这种毒药即将重现江湖。

这篇文章把默克尔最原始的内心世界展现了出来，她并不想惩罚施罗德，而是希望借一份美国报纸，帮忙消弭国际上对德国结盟能力的疑虑。默克尔害怕决裂，不想放弃自己所坚守的外交原则。

这篇文章已不再有用，而且今天也不必再郑重其事发表文章，反对党领袖默克尔已经在国会把自己的立场说得很清楚了。这篇《华盛顿邮报》的文章可能是默克尔身为反对党那些年中最有威信的外交文字，但也引来相对猛烈的批评。重要的是，这篇文章把默克尔塑造成一个忠诚的泛大西洋伙伴、顺从的盟友，而且这种形象持续了多年。在莱比锡举行的党代表大会制定出了社会和经济政策，外交政策则由这篇文章达到了它的目的。施罗德坚持己见，在党内引起的反应不一，有人对他大为光火，有人害怕党的价值基础将遭到摧毁，这种混杂的局面给了默克尔一些勇气。她突然间在外交上描绘出自己的轮廓：支持泛大西洋。她是立场鲜明的保守人士，当然也是准备好一起承担战争责任的政治人物。联盟中的同事、口齿伶俐的国会议员彼得·高威勒劝诫她，必须在教皇与美国之间有所取舍。选教会还是战争？两者之间几乎没有为意识形态留下空间。默克尔选择向美国靠拢，在批评她的人眼中，她等于选择了战争。若想修正这幅外交图像，她必须先成为总理。

与小布什周旋，宛如柔道选手

那几年中，不把小布什当回事儿并不难。他 2002 年当选总统，因为最高法院在猛烈的法律攻防战后，决定停止重新计算佛罗里达州的选票，宣布共和党候选人获胜。小布什是法院任命的总统，这让自由宽容的西欧大为不满。艾伯特 · 戈尔才是道德上的胜利者，而非来自得克萨斯州、单纯天真的乡下政客，小布什充其量不过就是两德统一期间科尔的盟友、前总统老布什的儿子罢了。

小布什花了很长时间才适应总统的职务，后来基地组织劫持飞机撞进了世贸中心和五角大楼，战争因而爆发。2005 年默克尔正准备成为总理候选人的时候，小布什刚获得连任，暴动分子在阿富汗、伊拉克滥杀无辜。阿布格莱布虐囚事件和中情局的延误飞机事件，再次激起世界人民的公愤。关塔那摩监狱的战俘，也无权享有任何法治国家的规范。新保守主义者重新受到前所未有的重视，大部分德国人觉得好像不认识美国了，而施罗德政府与美国保持着可以想见的最恶劣的关系。

2005 年大选时，默克尔不提外交，全德国都在讨论施罗德的备忘录。大选期间，社民党–绿党政府对外交的兴趣也不太大，决定进驻阿富汗让联盟花了许多心力，并付出了一次信任投票的代价。那之后又过了 4 年，已没有人愿意正视这场战争。默克尔自己也在规避这个议题，而且没有按照惯例于大选前飞往华盛顿，进行候选人的礼节性拜访。所谓联盟和衷共济，应该要传达可靠的稳定以及外交上的延续性，但看来这次可以免了。默克尔没有去，外交权威朔伊布勒倒是去了。

2005 年 11 月，默克尔终于进了总理府，她的任命书放在书桌旁一个可移动的小柜子上。新上任的总理处理外交事务游刃有余，让德国人无不感到惊讶。与小布什周旋时，尤其能看出默克尔宛如柔道选手之细致，善于借力使力的风格。关塔那摩成为处理美国事件的攻击点，她在上任后出访美国的前几天，接受了《明镜周刊》的访问，她的一句话就足以让她和小布什保持距离，为自己建立富批判精神的名声。默克尔说：“像关塔那摩这样的机构不能继续存在下去，必须找出另一种对待犯人的方法与途径。”她没有多说什么，但支持她的人突然多了起来。

这一幕表现出来的果敢令人欣喜若狂。摆脱束缚的联盟赞同这项批评，默克尔预先确定了推论：强烈反抗恐怖主义，但是拒绝小布什政府的方法。这样，只剩下一种情况：只要德国政府让公民在那个不合理的系统中受苦，对于关塔那摩的批评便不足以取信于人。小德迈齐尔立刻安排，于是关塔那摩交出土耳其裔德国人穆拉特·库尔纳兹。库尔纳兹自 2002 年起就被关在里面，两个调查委员会以及不计其数的法庭审理为营救他而忙碌。他在被羁押四年半之后，才回到德国。

默克尔的批评为她在小布什那里争取到了空间。这位总统，特别是他的外交团队，包括时任国务卿赖斯和安全顾问斯蒂芬·哈德利，都高度重视与德国重修旧好。华盛顿察觉到自己被孤立了，而默克尔给了他们一个重新开始的机会，因此白宫只好忍耐她斥责关塔那摩的言论，何况默克尔的个人故事相当引人入胜。小布什尚可容忍这位来自民主德国的女士大谈自由，因为根据不太确定的记录，一位情报人员要求在阿拉伯世界也拥有自由与民主，正好把这件事平息了下来。此外，批评他的是默克尔，而不是施罗德，这一点还可以忍耐。

前一位总理在外交上走进了死胡同——与法国走得太近、对欧盟兴趣缺乏、强力推动土耳其加入欧盟，还与普京培养出兄弟般的关系，最终把自己逼到墙角，难以施展。而默克尔觉得如释重负，她甚至可以提出条件或出言批评，不需要太多协助就在外交上拥有了全新的选择权。社民党与她走同一条路线，大联合政府急于看见成效，社民党也想把施罗德甩在后头。《时代周刊》说，“解放但不固执，显然能获得自由”，还把施罗德“板着脸沉默不语”讥讽为一种新的外交路线。这个大好时机正有利于默克尔，证明她的直觉是对的。

私下与小布什相处得很愉快

但私底下，默克尔与小布什又颇合得来，这很难得。只有直接相处，才会知道小布什政治形象之外的另一面——这个发动战争、单纯、虔诚得不得了的保守派，也是个很知心、喜欢闲聊、友善的人。小布什其实就像一个同事或矿工，他喜欢讲故事，也爱开玩笑，是一个很幽默的人。默克尔的幕僚形容小布什让人愉悦，不会阴阳怪气，而且很合群，从未对默克尔说过假话。

小布什与默克尔的相处总是坦率又愉快，也可以有趣而且无拘无束，不像公开曝光时绷着一张脸。小布什一定很早就告诉过默克尔，在神经紧张的工作环境中其实也可以有不受拘束的时刻。总之，这是个经验的传承：如果两位国家舵手把外交礼节和顾问们都抛开，就可以培养出伙伴般的感情；我们在上面，只有我们两个。默克尔和小布什之间很快就产生了化学反应：他俩很投缘。小布什曾把手搭在默克尔的肩膀上，这表示她不想勉强自己。八国集团在海利根达姆举行高峰会谈期间，他想为她按摩肩颈，而她则有点儿娇俏，佯装吓一跳就挡开了。

即使这两人为了重要的外交议题而激烈争执过，譬如改善乌克兰及格鲁吉亚与北约组织的关系，但小布什总能很专业地搁置基本原则的差异。2008 年，北约组织在罗马尼亚首都布加勒斯特的国会大厦举行高峰会谈，默克尔变成小布什最强劲的对手。小布什想在任期满前促成“成员国行动计划”（Membership Action Plan），使申请加入北约的格鲁吉亚与乌克兰有希望成为成员国。默克尔则持反对意见，虽然她早在筹备期间就已多次对外表达她的保留意见，但小布什以为她不会坚持立场，所以还是把这个议题列入议程。

政府代表团彼此间的意见如此相左，实在相当罕见。一般来说，计划与文件在峰会开始之前就已经表决过了，该如何表述也已拟妥了草稿。细节或有些微调，但不可能出现无法预期的转变。但现在他们却点起了原则冲突的熊熊大火：北约应该张开双臂欢迎这两个明显与俄罗斯对峙却又不是很稳定的国家吗？俄罗斯总统普京当然对这个计划很恼怒，但小布什仍然希望可以获得通过。默克尔表示不同意，因为各国的意见必须一致，北约组织只好将会议延期。各国政府领导人三三两两站在会议中心的走廊上，面面相觑，天马行空地制定出大概可以遮掩失败的声明。小布什总统走过去向默克尔表示敬意，说她正派又真诚，“所以我才这么欣赏你”。普京则以罕见的感谢之情向默克尔保证，他永远不会忘记她做的这件事。

根据行程上的记载，默克尔和小布什有两次在私人场合会面。首先是默克尔在 2006 年邀请小布什到她的选区去。小布什曾在一次会面时对默克尔表示，他很想看一看昔日的民主德国。于是默克尔邀请他去特林维莱尔斯哈根，一个大约只有 700 个居民的地方，相形之下，大批闯入的国际访客有如蝗虫过境。他们在乡下吃烤肉晚餐，有浓浓乡村风味的野猪、鹿以及鸭子——象征着普通民众生活的地方风味，村里的餐馆老板奥拉夫·米歇尔亲自掌勺。约有 30 位朋友聚在一起，一面民主德国时期农业生产合作社的“红旗”竖在眼前，一片梅克伦堡–前波美拉尼亚的田园风光尽收眼底。

小布什热爱在乡下卖力地干活儿，也非常喜欢他的农场，因此有了“灌木”（shrub）的绰号——取“在树木下”的意思。他经常说，在家时他最喜欢在自己的土地上，用电锯修剪灌木丛。后来小布什礼尚往来，也邀默克尔去他位于得州的私人农场。这可以说是最大的礼遇，他在总统任内共邀请了两位国王、一位王子以及各国总统、首相、总理共 17

位外国贵宾走进他在得州的“客厅”。顺便一提，默克尔绝对不会这么做。她的私人住宅位于柏林博物馆岛上的佩加马博物馆对面，访客不得入其门，那是绝对隐私的地方。她在乌克马克的周末小屋也一样，连最亲密的幕僚都不曾出现在屋内。萨科奇可能会请客人去他妻子卡拉·布鲁尼在巴黎城内的房子，英国首相戈登·布朗会把客人请到契克斯的周末住宅，温家宝则会在中南海的官邸招待宾客，但默克尔的私人空间就是私人的。

2007 年 11 月她启程前往得州，其态度仍有所保留，即使有友谊为基础，默克尔仍要处处留意。受邀去小布什的农场确实很亲密，所以这次旅行让总理身边的人睁大眼睛，引起丰富的联想。小布什的农场里有游泳池、池塘、车库及直升机库，它坐落在一块 6 平方公里的草地上，这块土地以前属于一位德国移民海因里希·恩格尔布雷希特。经常有人批评小布什，身为总统却总是待在农场里，于是这座农场有了“西部白宫”的称号。小布什觉得在这儿最怡然自得，他骄傲地带着客人参观，还会带客人骑山地车，或者和他们一起钓鱼。有一次他说（极有可能还挺认真），他在总统任内最美好的时刻，就是在农场的池塘里捕到一条七磅半重的黑鲈。

默克尔和丈夫在这个家庭的主厅里过夜，被默克尔选中陪同的，还有政府发言人威廉和外交顾问霍伊斯根。这天夜里，她在客房就寝，这里平时是小布什的女儿及父母（也就是老布什和妻子芭芭拉）住的地方。一时间难以适应的亲密，让小布什用由衷的真诚掩饰过去了。默克尔出奇地安静、措辞生硬，其实她很不想公开接受这份友谊，因为小布什的政治名声并不好。隔天清晨，女总理与男总统去附近散步，路程并不算轻松。至于骑山地自行车四处逛逛，她也兴趣不高，然后她就告辞了。

半年后小布什进行卸任前的访问，最后来到柏林大门前的梅泽贝格宫。这是个繁文缛节较少的小型活动，远离大众。对默克尔来说，与各国政要的工作往来，以在小布什执政阶段最好、最密切，她的顾问群也肯定了这点。

与奥巴马无私交

美国政治天空上升起的新星——奥巴马参议员碰到一个问题：他叫不出几位外交专家的名字。奥巴马虽然担任参议院欧洲外交事务小组主席多年，但那几年中他只去过一次伦敦，而且还是在近东与华盛顿之间的路上转机，从没到过柏林。现在他想要平衡一下自己的“外交赤字”，打算在竞选战开始之前，展开长长的旅程，去危机病灶阿富汗和伊拉克走一趟，也想来趟欧洲，到勃兰登堡大门看看——那个昔日联邦德国与民主德国的交界处，象征着冷战及美国战胜苏联的地方。

奥巴马在这场竞选之战中，被拿来与很多人相提并论：林肯、马丁·路德·金、肯尼迪。现在，他显然想借用肯尼迪的光环，证明自己具备国际观。虽然他的竞选团队从未证实，这位候选人非常希望能在勃兰登堡大门前演讲，但大家整天津津有味地讨论着，说他可能会出现在德国最具国家象征意义的地方，这也造成了联合政府的不和。外交部部长施泰因麦耶对这件事乐见其成，认为这位候选人的露面正是泛大西洋国家关系缓和的明证。默克尔则认为，在德国最有历史感的地方竞选，有失庄重，甚至糟蹋了这个历史场所。最后奥巴马让步，改在纪念碑发表演说。这段插曲让默克尔预感到，这位年轻的参议员将造成轰动，但他得先当选才行。

默克尔不喜欢嗓门大的男人，看不起像普京那样夸张表现男子气概，摆出一副猎人姿态并秀出傲人的肌肉，也不喜欢故作大男人的贝卢斯科尼之辈。北约峰会在巴登-巴登举行时，这位意大利总统礼让她先走，然后就让她在红地毯上站着。还有一次在莱茵河边，贝卢斯科尼一边散着步一边讲电话，这些都让她目瞪口呆。默克尔不喜欢萨科奇之流那种手舞足蹈般的虚荣。每当她的“雷达”发现这种自我展现的新代表人物时，她就会让幕僚知道：他应该先让人瞧瞧他的本事。

刚接触奥巴马时，她的心中也掠过一丝怀疑，因此她谨慎地观察奥巴马的口才。也许她有点儿嫉妒吧，默克尔从来就不是个天才的演说家，她只是把值得信赖和规矩正派输入她的言谈之中，但说到真正吸引大众，她就办不到了。很多人说，勃兰登堡大门那段插曲破坏了默克尔和奥巴马的关系，至今尚未完全修复。证据之一：奥巴马于第一任期内一次都没有来柏林。

其实，正确的诠释应该是：政府领导人也有其人性的弱点，默克尔一如奥巴马，也许到最后两人的弱点越来越像，超过了他们所能忍受的程度。至少别人老说他俩关系冷淡时，他们也并未佯作不拘小节、情谊深厚的样子。默克尔与奥巴马会定期通电话，有时也会开视频会议。奥巴马的亲信的确没有像小布什的人马那样，与默克尔的顾问群保持着密切的联系，而奥巴马也不擅长将演讲时那种光芒四射的魅力转到私人关系上。

欧洲峰会期间有这么一幕：英国首相布朗、法国总统萨科奇以及默克尔相互打听，这位美国总统是不是只有在他们面前才那么奇怪，那么难以亲近，那么不够真心？参与白宫内政府协商的人说，坐在会议桌的总统很被动，他们无不感到惊讶。奥巴马的幕僚说，总统已经问过了，这一天他得握多少人的手。他们看见了另一个奥巴马，与公开形象不尽相同。

奥巴马演讲起来热情洋溢，他并不是一个和气、慢条斯理的人。他有些内向，紧紧依附着家庭，尤其是妻子米歇尔。他也很敏感，知道什么时候过分了。二十国领导人峰会在戛纳召开时，所有的政府领导人纷纷抨击德国联邦银行的黄金储备量，带给默克尔巨大的压力。奥巴马察觉到势不均、力不敌，眼看着默克尔就要遭受屈辱，他挺身而出，第一个喊停："够了，我们不可以政治处决默克尔！"

由此可见，两人的关系有一种恰到好处的距离。奥巴马在第一任期时被内政绑住，他在华盛顿敌意甚深的氛围中登台，因为医疗改革招致强大的反抗，又忙着清理前任留下的复杂局面。一切努力无非是要使他的国家在权力游戏中，再度拥有施展的空间。因此，德国和欧洲并没有排在他工作计划的前面。默克尔则相反，那段期间她主要为欧债危机而忙，每次与奥巴马通电话时，都会对准这个问题。

有一次机会为他俩的关系注入了一点儿私人元素：他们相互比较在各自国家攀上最高位的过程——两人都是典型的政坛局外人，来自夏威夷的黑皮肤青年以及出身民主德国的女性，都要努力克服强大的阻力。他们在非典型的人生道路上飞黄腾达，简直令人不敢相信。两个人都很理智、分析能力强、客观。奥巴马和默克尔一样，能精确地把问题想通、想透；奥巴马也和她一样，一旦估量出结果，做决定时不会犹豫不决。

默克尔老是被问到她和奥巴马关系的好坏，这使她十分愤怒。她不想像个小学生一样到华盛顿远足，也不想因为奥巴马公开对她示好而对他给予好评。她的自负不准她那么做，但也不能妨碍到德国总理与美国总统之间的平等。她说，我们拥有共同的利益，拥有共同的价值观。拼命讨人喜欢可不是默克尔的人格特质，除此之外，有句老话也令她困扰："小布什是坏蛋，奥巴马才是和平天使。"

2011 年初夏，默克尔在华盛顿与奥巴马开起玩笑，说记者一定会立刻问起两人关系亲疏的问题，谁叫奥巴马在第一任期内都没去柏林呢？事实上，奥巴马在第一任期中曾两度造访德国，其中一次是去巴登–巴登出席峰会，然后去了德累斯顿，又去了布痕瓦尔德。柏林墙倒塌 20 周年的庆祝活动，他因为太忙才婉拒邀请。这种两人不和的说法简直是一种侮辱。

担心美国日渐式微

在白宫东厢召开记者会时，记者不出所料提出了这个问题：为什么奥巴马总统还没去柏林走一趟？默克尔咧嘴俏皮一笑，奥巴马也咧嘴笑回去，然后默克尔向奥巴马保证，柏林每天都在迎接他的来访。再说，种种迹象显示，勃兰登堡大门应该还会屹立好长一段时日。两人的关系破冰了，优雅排除了扰人的勃兰登堡大考问。默克尔又半开玩笑地让美国总统知道，他应该不至于想跟第一次大选胜利后去巴黎那样，以游客身份到柏林一游吧？若果真如此，那对她可是大不利啊。顺便一提，2012 年 11 月美国大选前几个月，奥巴马和默克尔便已约好，将在第二任期内造访柏林。与勃兰登堡门有关的混乱，该就此画上休止符了。

默克尔对奥巴马的第二任期寄予厚望，但她自己也被许多事情烦扰，而美国就是她的烦恼之一：一个自信不足的超级强国，失业率高、债台高筑、贫富之间的差距日益加深、左右两派极端的意识形态已造成紧张。

美国面临巨大的人口断层，在不久的将来，白人将不再是多数，美国也将与它的欧洲根源渐行渐远。而且，这个国家太自以为是，无从领会世界将有天翻地覆的改变，遑论预感到此趋势并进而加以调整。有时候，当默克尔想表达她对美国等国家弄权姿态的不满时，就会用到“权谋外交”这个字眼。1995 年，气候会议在柏林举行，但因为美国从中作梗，所以很难达成协议，而且美国最后还没在《京都议定书》上签字。何谓权谋外交，她体验到了。

目前，全球性的重要议题何其多，但美国很少出面领导，全球化也较少依照美国的时间表来进行。美国是否不了解世界的融合理论？今天谁要是直探这个国家的内部，密切注意老工业区、贫困的南方，以及弥漫全美的孤立思潮，应该立刻会有一股强烈的不快袭上心头：在这个全球化程度最低的国家中，究竟有什么值得观察的地方？

默克尔梦想中的美国和工作上的美国越来越不容易平衡，它打了两场不成功的仗，而且暂时看不出这个国家可以很快振作起来。战争折损了社会，两场因恐怖袭击阴影而发动的战事实质上改变了美国。即使是默克尔这么热爱美国的人，也感受到了这一点，衰弱的美国不讨她喜欢，她希望给美国一些什么，想让欧洲具有重新合作的吸引力。从她当选总理以来，建立泛大西洋自由贸易区的构想就鼓舞着她，这有点儿类似欧洲的内陆市场，只不过规模大得多。自由贸易，当然不是奥朗德等法国社会主义者或者美国的保护主义者喜欢听到的字眼。

美国在世界上的权势衰减了，这对默克尔来说可不是好消息，她把美国的地位当成在欧洲求取平衡的基础。美国已经历太多的坏消息，耗尽了坚持到底的能力，不再光芒四射。默克尔 35 年的民主德国岁月中，除了这股四射的光芒，很少有其他事物令她着迷，但她这回必须另辟蹊径。她在强盛与优越性中寻找，她希望美国可以真正强大起来。

获赠美国总统自由勋章

2011 年 6 月 7 日星期二，天空晴朗湛蓝，默克尔再次体验到全套富丽堂皇、耀眼华丽的美国之行。她的梦想之地美国，给她以无穷无尽的亲切和善良。这一天，她慷慨地赞美了奥巴马总统以及政治上的华盛顿，把美国的优点一一列数。之后，奥巴马给这位功成名就的民主德国女子颁赠了美国总统自由勋章。总统自由勋章是美国颁给平民的最高奖项，默克尔要在华盛顿安排的盛大仪式中，领取这枚勋章。

默克尔星期一就抵达了华盛顿，她的专机坐满了内阁成员、各部部长、议会代表、顾问。前排总理包厢内，一群政界名人围着默克尔而坐，包括外交部部长、经济部部长、财政部部长、国防部部长。有私交的国宾坐在后面，托马斯 · 戈特沙尔克坐在商务舱第一排，经常飞越大西洋的他穿了一件很舒适的便服。到了华盛顿，克林斯曼也加入了典礼，当然还有默克尔的丈夫绍尔，要他陪妻子到美国比去任何国家都乐意。这么特别的一天，他当然要在场，虽然他得从一场科学会议赶过来，到了晚餐时分才加入。

默克尔每次出访都有大队人马跟随：两位医生、翻译、礼宾司专员及部长们的专业顾问、对内与对外的安全人员、负责行李的人员等。另外，还有众多机组人员，从机长、电信技术员到空乘人员等。每次出门，无论是当天往返，还是像去华盛顿这样需要在外过夜的情况，默克尔都会带上自己的造型师。

对礼宾司来说，到美国访问属于罕见之事，代表团中没有人有过这种经验。科尔与里夏德·冯·魏茨泽克对这些仪式也都只有片断的经历，例如国旗加上军乐演奏、阅兵、政治谈话，然后在外交部吃一顿午餐，而默克尔一天之中就全部经历到了。高潮是晚上在白宫玫瑰园举行的国宴，这就是华盛顿最重要的活动了。

按照惯例，楼下的交际厅是用来举行国宴的地方，但奥巴马的幕僚想到一个点子，他们在主建筑物与椭圆形办公室之间的玫瑰园里铺上了木板和地毯。礼宾司司长设定了闪闪发亮的银色布置主题，让人联想到包豪斯风格——用蜡烛和水晶营造的简约路线。后来，华盛顿的八卦报刊专门描写了这种新的苦行僧作风——既指风格，也指宾客名单。《华盛顿邮报》认为：“宴会整体犹如结婚典礼中很文雅的接待处，只不过少了喝醉酒的证婚人。”

默克尔在晚餐前把私人朋友都请到下榻处——奥巴马安排她住在布莱尔宫，一栋与白宫面对面的国宾馆，就位于宾夕法尼亚大道，由重重叠叠的房子组成。布莱尔宫楼下的沙龙，摆出了小型的自助餐——香槟、咖啡、茶、三明治、糕点，让总理及她邀请来的宾客们有充足的体力应付这个晚上。默克尔身穿一件黑色短袖晚礼服，不规则的剪裁到肩膀，形成对角线的褶皱。男士们都穿黑色礼服，只有戈特沙尔克随心所欲，外套下是一条绣满了花的黑色牛仔裤，脚踩牛仔靴。德国人会谅解他的，他们很熟悉他在服装上的奇怪品位，至于美国客人倒是有些不习惯。华盛顿国家大教堂的大礼弥撒很注重礼节，而绣花牛仔裤不在此列。报纸和网络专栏记者都在宾客名单中找乐子，女士们的服装也被讨论了一番（太多蓝色了）。另外，他们还好好研究了一下座位安排，从中可窥见那些人在白宫中的身份与地位。

在自由圣地赢得桂冠

默克尔和丈夫由正门走进白宫，奥巴马夫妇陪他们走上二楼，那里是总统家庭的私人区域，他们准备暂离人群一会儿。此时，楼下的客人都聚集在东厅，身穿军礼服、围着长及脚踝的围裙的陆战队人员送上饮料。接下来，奥巴马和默克尔偕同伴侣，在军乐声中走下阶梯，与列队的208位宾客握手208次。在礼仪官朗读客人姓名的声音中，拍下了208张合影，照片上有208个总统的签名，宴会结束后将一一寄给宾客——这正是在华盛顿追逐地位很重要的战利品。

默克尔饶有兴味地打量着一排又一排的宾客，还打量了一下绍尔。对在任何公开场合都持保留态度的他，这次看起来好像挺享受这种奢华的场面。用餐时，他与米歇尔、谷歌执行董事长埃里克·施密特，以及宝洁公司总裁鲍勃·麦克唐纳同桌。默克尔与奥巴马以及建筑师赫尔穆特·雅恩同桌，他特地把德国颁给他的勋章，别在外衣的翻领上。美国首席大法官约翰·罗伯茨坐在她对面，德国指挥家克里斯托夫·埃申巴赫也在同一桌，一边指挥着美国国家交响乐团，一边应付共计4道菜的晚餐。

传统上国宴的尾声，都是由美国娱乐界、音乐界的巨星担纲演出。胡锦涛来访时，成龙、马友友、赫比·汉考克以及芭芭拉·史翠珊是闪亮的演出者，碧昂丝则为那场墨西哥风味的国宴增色不少。美国小报认为，反正默克尔就是很乏味：詹姆斯·泰勒为总理演唱，他是全美作曲者当中最有美国味儿的，是可靠与温和的保证书，还带着点儿政治意味。泰勒被告知，白宫清楚表达希望他唱《你有个好朋友》(*You've Got a Friend*)，听起来有一丝丝“我准备好了，我筋疲力尽”的意味，“如果你快要崩溃，如果你急需帮忙……闭上你的眼睛，然后想我，我马上就会来到”。让人弄不清楚的是，默克尔或奥巴马，哪个是歌曲中说话的人，哪个又是听的人？可以确定的是："你只要呼唤我，我就是朋友。"

整整 22 年以前，默克尔第一次踏上美洲的土地，转了一圈。她提出以"自由"作为她施政的主题，并且在自由世界的政治中心荣获了自由勋章。对奥巴马以及美国人来说，这是一件再简单不过的事："默克尔博士是自由胜利的象征，因为她是在统一德国的总理府内任职的第一位民主德国人。"菜单上就印了这几句简单的话。

经常谈论自由的默克尔必须再一次确认，当别人从距离德国越远的地方观察她，她的生命故事所铺陈出来的效应也就越大。她的致谢词只有简短的几句："历史经常让我们看到，渴望自由的力量可以发展到多大程度。渴望自由促使人类克服恐惧，直面专制独裁。专制独裁的链条、压迫的桎梏，都无法长久抵抗自由的力量。这是我的信念，它也将继续引导我。"

默克尔在致辞时情绪有点儿激动，但也仅止于此。如果一发不可收拾，她就不叫"默克尔"了。华盛顿的这场国宴，在她与奥巴马的诚心握手后落幕了。其他总统通常会以一场餐后派对，为这次排场壮观的国家访问画上句号，而她则是直接从白宫的南草坪前往机场，当天晚上就回到了柏林。晚礼服和黑礼服，都是在飞机上才换下来的。

Angela Merkel
Die Kanzlerin
und ihre Welt

第 7 章

国防风云

总理与战争

2007年11月4日，战争步步逼近默克尔，其程度之剧烈前所未见。当时她担任总理不过两年，前一晚才从印度返回柏林，但过不了几小时便要再度登上飞机，往差不多同样的方向飞去，这一次她要去乌兹别克斯坦。清晨的铁尔梅兹空军基地，一架联邦驻防军的C–160运输机正在待命，目的地是阿富汗首都喀布尔。这趟行程高度机密，她其后三度前往兴都库什山脉也同样全程保密。

专机上24位同行人员的身份均未曝光，少数几位随行记者也有保密义务。德国联邦刑事调查局的安全人员已配备精良的武器，默克尔也必须穿上防弹背心。这架德国战机的驾驶员在途中两度被迫更改紧急飞行的路线，紧张气氛持续上升，直升机和运输机上敏锐的防御电子系统注意到有光线反射，这是一种警报信号：是枪口喷出的火焰？由红外线操控的防空导弹弹头？或者只是阳光反射？

警报信号会使机上的电子系统立刻反应，射出烟幕弹，在机尾制造出烟火，用灼热的镁块火焰误导来袭的导弹，然后配合热传感器，直接在推进器上设定航行路线。默克尔的驾驶员大胆地操控飞机曲折绕行，防御导弹的烟雾从炮口打开的门吹进来，爆裂声使得飞机随之震动。当下，连经验丰富的老兵也不确定飞机是否中弹了。

表面上看不出来，这个意外事件是否让默克尔大受影响。她问了随从人员，还会不会再来几颗飞弹？这一天在喀布尔，在他们飞往机场的路上，冒出了一位自杀式袭击者。此外，在两天前，街上也发现了一枚炸弹。

一年半后，默克尔二度奔赴阿富汗，反政府军用自制导弹攻击了德国的昆都士营区，当时默克尔刚搭直升机离开不久。飞弹没有命中目标，但传达给默克尔的信息非常清楚：阿富汗是战区，像德国总理这么具有象征意义的人物，是一个非常好的目标。到这个地区去，对她和驻扎此地的士兵来说都极其危险。

协防阿富汗，德国态度消极

默克尔连续两年去阿富汗探视部队，她担任反对党主席时也曾数次前往慰问军队，她已身心俱疲。外交部部长施泰因麦耶还曾在2007年社民党党代表大会上挖苦说，政府领导人因即将出远门而备感压力。上一位视察国际安全援助部队的总理是施罗德，说起来也已经是4年前的事了。德国政界本来就对派兵协防不以为然，只有极少数部长陪同柏林最高统帅造访过驻地，由此足以窥出民众的不满情绪有多高。

2005 年德国大选前后尤其可以看出，几个大党派费尽心机修正这个棘手的议题。默克尔之前已有过好几次教训：2002 年美国出兵伊拉克前夕，施罗德示范了如何凭"战争与和平"这个议题赢得国会大选。虽然默克尔对于使用军事力量的立场一向很务实（"军事手段在单一事件上仍不可避免"），又会定期访视部队，但在公开场合，她极其谨慎地处理着这个议题。也许是因为 2002 年的选举经验告诉她，自己在出兵方面过于强调务实主义。

2009 年 9 月，德国部队在昆都士的德国营区附近发动空袭，炸毁了两辆被劫的油罐车。在此之前，默克尔大多把阿富汗事务交给专业部长们处理。在这种策略下，总理在国内以及国际上口径一致。2003 年，美国进入巴格达，赶走了萨达姆。早在 2004 年，伊拉克与阿富汗两个战区的暴力事件就不断增加。到了 2005 年国会大选时，已经可以明显地看出塔利班在巴基斯坦和阿富汗进行了改组，并且对外国军队施加了更多的压力。德国旧政府也罢，新政府也好，都不想把话说破：所谓"支持重建"以及"维和"任务，其实是世界新秩序下的战争形态——反抗民兵和国家正规部队之间的军事冲突。阿富汗在伊拉克的阴影之下被忽略了，解释不清的战争被遗忘了——这就是在自欺欺人。

美军指挥官戴维·彼得雷乌斯将军全面改写了这个阶段美军的交

战规则，并在冲突不断期间主导美军突击战略的重大转变。北约内部认为，美国的所有作为都是在合理分摊风险，但德国不这么认为。施罗德政府与默克尔第一任期的意见一致，都认为德国驻军应该在相对安全的北方，好好休养生息。虽然加拿大、英国、荷兰以及美国已在阿富汗南方蒙受了惨重的损失，尤其是在赫尔曼德、堪达哈两省，但德国就是不愿意正视战争扩大的事实。

2007 年年初，北约要求增兵，德国耍了一记花招：派出龙卷风侦察机。这种侦察机上装有高倍照相机，可以拍摄阵地与敌军，或形迹可疑的飞机。等到飞机降落、照片冲洗出来，评估了之后，威胁大多已经解除了。但是龙卷风侦察机需要不少人手，包括保养、修理和机场管理人员，于是德国在驻防地增加了 500 名人员，巧妙地履行了增兵义务。德国的交战规定也是以国内政治风向为考虑，而非士兵的安危。除非敌人先开火，否则士兵不许开枪，也不许龙卷风侦察机在空中使用武器发动攻击。直到可怜的德军指挥官格奥尔格 · 克莱因上校下令轰炸停在河床上的被劫油罐车时，德国国内才真正明白参与维和的本质，那就是真正涉入一场“战争”。

点明参与阿富汗维和的必要性

之所以要字斟句酌，谨慎避免使用“战争”这个字眼，一方面是因为有国际法和其他法律方面的问题，另一方面也是因为会对内政增添困扰。法律方面的问题是，投入战事必须符合战争法的精神，必须经过宣战，并且于缔结和约后结束战事。要发动战争就必须有敌对阵营，还要依照《日内瓦公约》的规定对待俘虏。没有人愿意承认塔利班是敌对阵营，因为这么一来便提升了他们的地位，也等于承认他们是符合国际法定义的主体。

再者，战争揭露了每一位驻防士兵想不到的问题，譬如死于战争不在寿险的赔付范围内。各方专家针对保险赔付及照顾伤员，或者照料死者留下的亲人等问题已经研讨了好几年。最后由国防部部长古滕贝格打破禁忌，率先提出“近似战争状况”，后来又说“日常用语”可以说是战争。默克尔则又等到几个月之后，在2010年12月17日第三次探视驻防阿富汗的士兵时，开口说道：“各位所参与的争斗，就和战争的状况一样。”

法律方面的不确定性，让默克尔的第一位国防部部长荣格困扰不已，而民众的批评更让他备受煎熬，因为一般人无法把国家安全政策与驻防联想到一块儿。最后一位社民党国防部部长彼得·施特鲁克则遭人讥笑，因为他特地加强语气说：“在兴都库什山脉也能保障德国的安全。”所有专家都与施特鲁克一起遭受到批评：和平主义在德国扎根已深，使全德国欠缺策略性的讨论，也冷淡地看待政治现实以及联盟政策的束缚。德国国内展开的讨论，也再一次引发矛盾。默克尔一开始并未尽全力解决这场冲突，她和联盟伙伴的看法大致相同：这次驻军足以决定政治命运。不管怎么样，德国社会对驻军的见解不一，靠这个赢不了多少选票。

因此，命运向荣格提出警告。2009年9月4日，昆都士空袭事件发生之后，阿富汗议题以排山倒海之势，席卷了德国的内政核心。驻军阿富汗的真实情况终于真相大白，关于维和及支持的虚假争论到此告一段落。德国讨论的是战争，而且就发生在国会大选的前几天。空袭事件之后，默克尔直接站在这波纷扰的浪头，在国会提出施政报告，这是她第一次以阿富汗为题进行发言。她斩钉截铁地留下一句又一句铿锵有力的话："联邦国防军与我们在北大西洋联盟中的伙伴们，一起投入阿富汗的战事，此乃必然。部队必须贡献力量维护全球安全、世界和平，保护德国人民的身体与生命，免于国际恐怖主义灾祸。"此外，她也曾说："我国《基本法》的序言中明文规定，德国有义务为世界谋求和平。在这个世界上，德国与盟友及伙伴密不可分。在原则上，德国的'特殊道路'并非德国外交的另类选择。"她提醒全体代表要重视德国所应担负的责任，一方面似乎也在警告国会里所有心存怀疑的人："不论过去或现在，联邦国防军驻扎，不仅是国家安全最迫切的需求，也是联合国安全理事会的决议。2002年年初派兵是由当时的联邦政府负责决定的。"

但是大联合政府认为，他们其实不是等到10月月初大选过后才感到甚嚣尘上的讨伐之声。在投票之前，基民党、社民党都被驻防之事绑在一起，相互牵制。直到发生昆都士空袭事件，默克尔才发觉必须多花些心思，不再置身事外。至此，这种情况才趋缓。此时，国际上也密集地举行与阿富汗相关的会议——2010 年伦敦、2011 年波恩，而阿富汗问题也被列为北约峰会的议题，默克尔这时才试图在高层推动撤军，尽可能在没有受损的情况下退出驻防地。昆都士事件隔天，她提出施政报告的同时，也表示撤军计划有些眉目了。

宣示性造访阿富汗

默克尔在 2007 年第一次去喀布尔，之后又搭机前往阿富汗北方三次之多。第二次就在爆炸案发生的前几个月，她还去了巴尔赫省的首府马扎里沙里夫市中心，与省长阿塔 · 穆罕默德以及当地显贵会晤。阿塔为默克尔安排了隆重的场面，他自己端坐在华丽、镀金的沙发椅上，房屋正中间摆着一张快被糕饼和甜点压垮的桌子。大家围坐成一圈，其中还有几位特别挑选出来的女性，宣示两性平等方面的进步。

外头的爆炸声清晰可闻，身系巴尔赫省安危的他故意再三保证，那声响必定是轮胎爆胎。德国安全人员不由得紧张起来，总理走到户外时，看到工人正在认真地整修司令部的建筑物，心里踏实多了。事先没有人告诉她，到了这里就是由联邦国防军的狙击手接手了，随同人员力劝她乘车返回相对安全的营区，因为城里发生的爆炸把大家都吓坏了。

但默克尔丝毫不示弱，她命令代表团的大部分成员返回营区，自己则依原定计划进行下一个行程，前往一家医院，不过并未停留太久。

默克尔总理造访阿富汗，就是一场又一场经过精心筹划的演出。晚上在营区和士兵们烤肉时，他们效忠的话语让她高兴，好像部队除了一面军旗之外别无他求。默克尔当然心知肚明，自己并没有看到全部的真实情况。到此地访问，主要作用是慰问军队的表现，鼓舞士气，而且也是政治正确的做法。若默克尔不这么做，便容易遭人攻讦，谴责她漠不关心；但过度介入也不行，最后就得为地面装甲部队调度的错误负起责任。

从距离本国遥远的德国驻军来观察，最能看清这位政府领导人所处的局势有多么进退维谷：她一方面被安排演出，代表“德国投资发展公司”，要通过昆都士倡导一项促进和平的项目，因此不得不按照脚本演出；另一方面，此时此刻的她，又代表着一个寻求国防政策的主体，必须与阿富汗当权者在多方达成协调，如政府、各部族、地方领袖等。面对各国联军，她必须提出团结一致的要求，让各方都能认同。此外，德国国内并不真正了解远方的战争，她又不希望坏消息辜负了选民的期待。

纷传德军士兵殉职消息

2010 年，坏消息纷至沓来，短短几星期内就有 7 名德国士兵在战场上捐躯。耶稣受难日那天，三名来自石勒苏益格–荷尔斯泰因州的士兵丧生，他们所属的单位在昆都士附近被炮火袭击了 10 余个小时。默克尔当时正准备度复活节假期，在飞机上收到营区中心的消息，于是她缩短休假，赶赴德国北部小镇塞尔辛根出席葬礼，并和阵亡官兵的家属谈话。这是一次让人动容的经历，三个家庭对总理只有一个要求：确定他们的亲人的生命没有白白牺牲，确定此项任务对国家具有重要意义。葬礼结束后，很多人也写信给她。此时又有一件事让她十分难过：她的随从之一，联邦警察约尔格 · 林格尔在被派遣到喀布尔时殉职。默克尔直至今天仍与他的家人保持着联系。

塞尔辛根葬礼结束后的隔天，她宣示性地去波茨坦拜访联合作战司令部，阿富汗驻军就是在这里接受指挥的。司令赖纳 · 格拉茨将军及参谋们详细解说交战过程，报告所消耗的惊人弹药量。她通过视频会议，倾听阿富汗士兵的心声，他们要德国多提供一些道德方面的支持。这些报告很明显让默克尔的情绪激动起来，她只提了一个简单的问题：在那 10 小时中，有多少塔利班分子被射杀？将军们窘迫地看着地板，没人能够回答。

一星期之后，默克尔正在美国之旅的最后一站旧金山，半夜被办公室主任鲍曼从柏林打来的电话吵醒。又是一次交战，又有 4 人死亡。默克尔在出访时总会携带黑色的礼服，以便能穿戴得体地参加葬礼。联邦新闻部也都会携带可折叠的蓝色屏风，作为访谈及发表谈话时布置拍摄的朴素背景。于是默克尔一大早就召开记者会，并在晚上启程回德国。

4 月 22 日，默克尔提出措辞最恳切的施政报告，公开宣称军队以及她所承担的任务。她谈到英勇、交战、战争，谈到臆想中的胆小政策。她向国会议员发出警告："如果我们自己都缺乏勇气，又怎能要求我们的士兵英勇过人，又怎能告诉他们，我们为什么会做出这样的决定？"在这之前，默克尔从未如此用心良苦地谈起与战争有关的事务。她借用丹尼尔 · 赛贝特上士的话，这位上士在一次访谈中被问到，他是否也杀了人，默克尔在国会引用他当时的答复："我开枪射了他。不是我射他，就是他射我，就是这样。"

风波不断的 2011 年 3 月

默克尔对古代战争的场面并不陌生，对决、置人于死地的最后一幕萦绕于她的脑海中。2011 年 5 月 2 日，本 · 拉登死亡的消息引起全球关注。那天早上，她容许自己向内心深处探究，面对摄影机表明自己的立场，并回答了 3 个问题。其中一个问题为："总理女士，您所描述的这个结果很明显是针对性地杀人，很多人都这么说。您认为，德国的警察或军人也应该有能力以同样的方法对付恐怖分子头目吗？"默克尔回答："成功击毙了本 · 拉登，我很高兴……因此我也向美国总统表达了我对这次行动成功的高度敬意，这也是我的迫切需求。"迫切需求——她说得再清楚不过了。

历史因素使德国对所有与军事相关的行动都持保留态度。联盟伙伴则高度期待，认为德国应该在新世界的混乱局面中尽一分力量，并且对不公、暴力以及专制等现象感到愤慨。联盟伙伴之所以如此坚决，也许是因为默克尔陷入了重重难题，导致她制定出有重大影响的外交决策。2011 年 3 月 17 日，亲信们聚集在默克尔办公室主任鲍曼的办公室，共同举杯为外交顾问霍伊斯根庆生。但事不凑巧，没有人有兴致庆祝。政治局势再一次扭转，让大家措手不及。

前一天夜里，纽约的联合国变了天，法国总统在安理会中坚持主张，因为战争一触即发，应该将利比亚上空划为禁飞区。德国政府必须决定如何应对，晚上安理会就要投票表决了，身为非常任理事国的德国要投一票。德国希望划出禁飞区吗？德国是否准备派兵卷入该国内战？

2011 年 3 月对默克尔来说，是一段恐怖的日子。每个地方都有问题，而且危机层出不穷，来势凶猛。联邦银行总裁阿克塞尔 · 韦伯 2 月宣布辞职，显然他反对欧洲央行的欧债危机决策，但他不曾真正解释过为何辞职。3 月 1 日，国防部部长古滕贝格由于论文抄袭事件，决心退出政坛，政府部门连大气都不敢喘一下。2 月月底，执政联盟，尤其是自民党在汉堡地方议会的选情不容乐观。3 月 20 日、27 日，州议会选举准备陆续登场，其中包括一向支持基民党的巴登–符腾堡州和黑森州。联盟伙伴对党主席和外交部部长韦斯特韦勒的不满正在持续扩大。

风波接连不断：3 月 11 日下午 2 点 47 分，日本发生大地震，一场海啸席卷海岸线，扼杀了 1.8 万条人命。福岛核电站引发了一连串棘手的意外，三座反应炉的炉心熔毁，一座较远的反应炉已被毁坏，辐射毒害着居民、动物、水源以及土地，15 万居民必须撤离。物理学家默克尔原本对核能技术的安全很有信心，现在也动摇了。她在参加布鲁塞尔峰会期间，从 iPad（苹果公司出品的平板电脑）上观看引起轰动的氢爆炸。她相信那些画面所传达的力道，于是知道要进入新纪元了：这个悲剧会摧毁一切。她在一场访谈中说："我没有想到，原本对我来说只是理论上可能出现的危机，竟然会变成现实。不久前，我还以为此生不会经历到（这些危险）。"灾难发生后才三天，她便终止了德国核电站的延期运转，并展现出强劲的行动力，主导了引人注目的能源政策大转弯，让联盟和工业界大吃一惊。

不愿军事介入利比亚危机

此时，利比亚危机也出现局势的反转，反抗运动从 2 月中旬开始横扫全国。3 月月初，当权者展开反击，逐渐收复失去的地区。空军使得当权者卡扎菲拥有极大的军事优势，米苏拉塔、东边反叛军堡垒班加西的城郊，都遭受政府军炮火的攻击，反抗运动岌岌可危。卡扎菲声称，将歼灭每一股反抗势力，他要"挨家挨户"走过，"绝不轻饶"。时间非常紧迫。

法国总统萨科奇早就想攻进利比亚西部，他自己也身处压力之中，因为一开始几个星期，他把反叛军形容成卑微的小角色。而他与突尼斯当权者走得太近，也演变成一个大问题。他曾亲自在巴黎接待卡扎菲，这位古怪的统治者与大臣们一起抵达，在爱丽舍宫斜对面搭起贝都因式的帐篷，与贴身女保镖同住在里面。这位独裁者是安定以及增长经济的保证，利比亚的石油在向法国招手。但是，这位地中海的新宠邻居，现在却要杀死自己的同胞。

萨科奇准备派兵进驻利比亚，默克尔丝毫不为所动，她认为这位总统的大动作不过是转移注意力的花招。从这里可以看出她日后投票行为的第一个重要原因：默克尔不希望被萨科奇拖入战争。她分析萨科奇主要是基于内政的考虑，并严厉批评他曲解了历史。她不曾在大型的国际场合遇见他；另外，她也盯紧利比亚的反抗运动，但其他阿拉伯国家都对此存疑。她拒绝将这次运动与 1989 年东欧争取自由的运动相提并论，但韦斯特韦勒却不断拿它来比较。默克尔反而认为，这些地方发生的政治骚乱，并不能让人从中看出这些国家未来的政治走向。

思考军事介入之时，默克尔的心头浮上了更大的烦恼，她曾对美国促进和平的力量寄予厚望，但伊拉克的经验对她来说不可磨灭。伊拉克的反抗势力日渐增长，美国因而失败了，没有达到目的就必须撤退，她也为此更加失望。默克尔担心美国坚持到底的能力，为华盛顿的领导力将继续削弱而担忧，因而影响了西方在制度竞争上的力量。出口民主不是一桩简单的买卖，但默克尔因为自己的人生经历，一直对美国将它的价值观及制度输出到其他国家保持乐观。她担心这一回碰到利比亚就失败了，华盛顿不应容许再一次发生伊拉克战争——一场可预见的结果不妙的战争。下一次出兵一定要见到效果，而且必须能改善目前的国际局势，否则西方的信仰将全面受挫。

此外，默克尔还要考虑到内政的影响。就算德国投票赞成出兵，也必须依据她的想法去做。她告诉幕僚，若主张驻防却又不派兵，既不诚实也不正派。刚好在投票的前几天，这样的论调再三被拿出来讨论。有人反驳说，德国还是可以象征性参战，譬如让德国驻军待在空中预警的管制机上。另外，德国也可以支持海上封锁线，或者只是出钱。这些权宜之计都没有经过深思熟虑，所以没有获得默克尔和国防部部长小德迈齐尔的重视。根据联邦国防军的分析，大规模驻防实在很吃力，去阿富汗、巴尔干半岛、黎巴嫩海岸以及索马里出任务，已经让德国的战斗力达到了极限。

划定禁飞区，是赞成、反对，还是弃权？

德国政府以为美国一定不愿出兵，没想到美国却在 3 月 17 日早上发动了突袭。少了美国，无论法国或英国都不可能发动战争。小德迈齐尔在星期三早上结束了华盛顿之旅，打道回府，并捎来五角大厦的简短信息：他们也不想打。美国将领们的态度尤其明确，都反对进驻。但就在星期三这一天，班加西叛军的情况越来越糟，而华盛顿主战的国务卿希拉里和美国驻联合国大使苏珊·赖斯则成功地说服了奥巴马总统。奥巴马改变了立场，却没有打电话给默克尔，这实在是一种蔑视。其实，默克尔也没有和华盛顿联络。两国参谋一时之间断了联系，美国国家安全顾问托马斯·唐尼伦在这个节骨眼上，也让他的欧洲同事找不到人。三个月后，默克尔和奥巴马才通上话。访问华盛顿的前一天晚上，他俩去一家小餐馆用晚餐，她坦率地告诉他，不能再发生类似这样的信任裂痕。

默克尔间接从德国驻联合国大使彼得·维蒂希处获悉，联合国将举行新一轮的投票。维蒂希是德国资深的外交官，要利用德国的非常任理事国席位，好好树立德国在联合国中的形象与作风。星期四，他要求德国国内给予指示：晚上应该举手赞成划定禁飞区、投反对票，还是要弃权？外交部及总理府的看法都是赞成。若是德国不加入，难以想象世界各国将如何反应，因为这意味着一场人道主义的灾难。

再者，德国绝对不能与最重要的盟国对立，如果与法国和美国态度不一致，就表示同时触犯了两个禁忌，默克尔在外交上之所以能顶着光环，就是因为坚守一项原则：永远不做抗拒美国的事，永远不脱离于欧洲。

德国该如何投票的决定，送到了总理府。在总理、外交部部长、国防部部长之间，霍伊斯根与总理同一阵线；国务秘书哈贝尔和韦斯特韦勒看法一致，都主张投赞成票。现在韦斯特韦勒、小德迈齐尔与默克尔同属一个阵营，韦斯特韦勒在电话中再一次清楚地告诉他的英国同事，应该给阿拉伯地区的领导人多一些中间调停的空间，而且，他们已经拟订计划，要把卡扎菲送上流亡之途。

韦斯特韦勒对所有军事干预都持保留意见，刚组成联合政府时，两党就针对是否应该让黎巴嫩保有席位展开了冗长的讨论。外交部部长认为自己"在军事上保守而传统"，他喜欢引用自民党外交干将根舍的话："谁要是喜欢探险，我可以给他外籍兵团的报名电话。"韦斯特韦勒深受德国战后出兵政策的事件启发，1993 年，科尔领导的基民党-自民党政府，调动了空中预警机，那时他对议会党团就已十分不满。10 年后，韦斯特韦勒带领着他的党再次前往卡尔斯鲁厄，又是为了德国驻防部队的空中预警机，这次是在美国出兵伊拉克期间取道土耳其飞了过去。

错误的外交决策？

三位长官会谈过后，其指令送到了纽约：德国大使应该弃权。默克尔斟酌了自己的论点，要是投入战斗，她担心既不会功德圆满，情况又难以掌控。至于在州议会选举前夕决定参战，会对内政产生哪些影响，反而不是她考虑的重点。与联盟伙伴自民党发生的重大冲突，意味着该党主席韦斯特韦勒的位子非常不稳了，因此他才极力主张反对出兵。

联盟伙伴、媒体、反对党，对政府的看法完全不一样：就在卡扎菲的军队摧毁班加西的同时，德国拒绝投给人道干预一票，和中国、俄罗斯站在了一起。

接下来的事完全出乎联盟中各个领导人的估计。表决后的回音震耳欲聋，默克尔与韦斯特韦勒在国际和国内都遭到围剿，一股愤怒的浪潮向政府打过来。在德国国内，绿党及部分社民党人士口诛笔伐，谴责德国不团结、实行孤立主义。突然之间，德国的“特殊道路”又出现了。施罗德 2003 年所经历的，现在复制到当时最严厉的批评者身上。北约组织会议上，秘书长安诺斯 · 福格 · 拉斯穆森出言责备德国，于是德国代表愤而离席；而执政联盟也深陷危机，德国被孤立，并且感受到来自四面八方的怒火。西方智库对于弃权会对结果造成何种影响，意见相当有分歧。这届政府想走到哪个方向？德国究竟可不可靠？默克尔与韦斯特韦勒是不是因为州议会选举在即，纯粹为了国内政治打算才这么做？默克尔是否想保护联盟伙伴？而自民党主席是否必须在政治上与之脱钩，才能渡过难关，留在位置上？难道默克尔被联盟可能破局的臆测绑架了？韦斯特韦勒最令人疑窦丛生，他想借着平等主义的口号让自己受欢迎……各种谣言满天飞。

星期五，一则消息又加剧了种种臆测。国会根据施政报告，讨论了韦斯特韦勒的决策——传言开始漫延开：外交部部长韦斯特韦勒其实想投反对票，而默克尔却促使他弃权。这被认为是一种政治妥协。外交部归咎总理府制造谣言，总理府则强烈驳斥。然而，外交部部长非常激动，觉得总理摆了他一道，让他难堪。他觉得默克尔把他当牺牲品，使他必须为这个决策公开辩护，而默克尔自己倒是毫发无伤。事实上，韦斯特韦勒先在国会提出一份施政报告，为自己辩护，然后又在访谈和文章中滔滔不绝，这些都使得情况更加恶劣。

韦斯特韦勒把他的报告定调为一种路线之争。谈话一开始就反复提及德国并非唯一弃权的国家，除了中国和俄罗斯之外，巴西与印度也同样对此心存疑虑。韦斯特韦勒甚至说出“策略伙伴”这样的话，这种论调让同盟国惊讶万分：韦斯特韦勒莫非是想借此提出新的国际结盟政策？这位外交部部长该不会是想巴结异军突起的新兴国家吧？韦斯特韦勒在同一天内，在所有访谈中都提到绝不考虑采取军事行动，况且军事行动一点儿用都没有。至此，他和默克尔的距离更远了。默克尔正相反，她越来越安静，还召开了两次记者会，听起来是想要和解。她一再期盼联盟能够成功，并再三强调联盟必须团结。

利比亚引起的谴责还要持续很久，默克尔与韦斯特韦勒之间的冲突至今尚未平息。韦斯特韦勒忠于自己，也忠于那项决策。与总理不同的是，他在这段时间几乎把拒绝军事干预奉为圭臬。默克尔则恰恰相反，摇摆不定。她身边的人说，她为了替弃权辩护，常常陷入苦思。决定投弃权票的代价实在太高了，她可不希望再烧出一把怒火。最后所付出的代价真的太高吗？显然她不想承认，但也许这一回，她做出了总理任期内错误最严重的外交决策。

Angela
Merkel
Die Kanzlerin
und ihre Welt

第8章

对以色列负责

大受犹太人欢迎的德国人

默克尔的外交始终都是：控制、分配剂量以及灵活变通。为求成果，就有必要稍微灵活一些，但有一个例外：以色列。在默克尔看来，她对以色列怀有特殊的感情，只要是与这个犹太国家以及犹太民族有关的事，她便少见地表现出直爽、果断。她在其他议题上都不会如此坚定，充满信念。与欧盟和美国相比，以色列是她外交坐标系统的基石。依照她的信念，以色列是德国“国家利益”的一部分——这是一种教条式的信仰，至于该如何诠释，势必会引起激烈的讨论。但默克尔在这场争论中丝毫不为所动，同时培养出对犹太民族和以色列的深入理解。

她以总理的身份将德国与犹太人的历史关联，放进她的政策优先排序之中，并且与犹太人大屠杀、德国人消灭犹太人等紧密联结在一起。她据此制定出对以色列的政策：尊重、支持犹太民族的生存。默克尔不容任何人质疑她的以色列政策：以色列具有无与伦比的政策地位，她爱那个国家，并且将基于历史上的纠葛，带领德国善尽义务。这一点超越了之前所有德国总理的以色列政策。

我们无法清楚地追溯这样深挚的情感从何而来，就连与她同行的亲信，即使见识过她与以色列进行外交工作时最知心、最私密的时刻，也给不出确切的答案。默克尔与许多在德国依循犹太教规的代表保持着非常密切的关系，同时和以色列政策的重要阵营保持联系，又和前总理奥尔默特惺惺相惜。

在以色列的议题上，默克尔最亲近的顾问团只能当和音在一旁附和：办公室主任鲍曼非常支持默克尔对犹太人大屠杀的历史诠释；外交顾问霍伊斯根负责维系策略性的关系，尤其是在默克尔积极投入和平过程的阶段居间调停。总理府前国务部长希尔德加德·米勒，以及后继者埃卡特·冯·克莱登，与犹太人团体也有很多互动。米勒在默克尔的意志下，当了好几年德以国会议员团主席，同样与以色列关系良好。最后还有希蒙·施泰因，他是 2001~2007 年以色列驻德大使。默克尔和他建立起友谊，施泰因任满后两人仍是朋友，只有两三位大使享有这种待遇。施泰因具备了几个条件，才得以与默克尔拥有这样的关系：热情，不放过任何争论的机会，有时也可以静默，还喜欢听歌剧。这样，他永远能获得默克尔的重视，尤其是赢得她丈夫的好感。

不认同民主德国对以色列的历史观

若只观察默克尔的人生经历，则不容易推敲出她为何对犹太民族怀有如此深切的情感。默克尔有次接受访问畅谈自己的人生，她说自己小时候有一段时期，每年都和同班同学到离滕普林仅 30 公里的拉文斯布吕克集中营远足，这是学校的活动，也是民主德国传达历史的一种方式。拉文斯布吕克原本是为了女性建造，后来又开辟了一个营区给男人和青少年。纳粹在那儿关押了 15 万人，强迫他们劳动，并把他们押送到死亡集中营。在拉文斯布吕克死了多少人，世人不得而知，战争接近尾声时，那里增建了一间煤气室，大约有 6 000 人在里面被杀害。

默克尔记得，迫害犹太人这一页在民主德国的历史观上属于次要，这个国家要与纳粹的罪行划清界限，希望借此取得代表德国的正统地位。她在以色列国会的历史性演说中如此解释 ："我人生的前 35 年，是在民主德国度过的，那里把纳粹主义当成联邦德国的问题。"民主德国自诩为法西斯主义德国的对立面，她在共产党和社会主义者，也许还有社会民主人士的反抗上，建立起她的历史图像 ：要对屠杀犹太人表示忏悔，首先必须认识到自己也是共犯，民主德国应该承担这个历史重担。

在默克尔的印象中，他们仅从拉文斯布吕克的记录中得知了犹太人的命运，但也只是略知一二而已，倒是他们在家时，经常谈论纳粹主义以及杀害犹太人的事。我们必须说，默克尔的历史常识来自于与父母的讨论，以及西方媒体的信息。1985 年 5 月 8 日，第二次世界大战结束 40 周年纪念会上，魏茨泽克的演说让她印象深刻。她通过父亲与教会的关系，拿到一份讲稿复印件。她把这份复印件带到自己上班的科学院，在同事间传阅并且讨论。她后来说，“那是一场令人感动的演讲”，但其实也没那么动人，因为魏茨泽克把 5 月 8 日定为联邦德国的解放日。民主德国尽人皆知，按照苏联的解读，5 月 8 日早就定为解放日了，5 月 9 日则是其伟大祖国的胜利日。

魏茨泽克在民主德国人心中留下了一个印象，因为他口中的德国历史不容切割：“我们德国人同属一个民族、一个国家，我们觉得彼此相依，因为我们都经历了同样的历史。”这几句话让默克尔屏气凝神，而同样的历史也就表示民主德国同样应该为纳粹的罪行负起相同的责任。

民主德国面对历史及以色列的态度，让默克尔非常愤慨。她常说，身为科学家，她很遗憾无法在自己的专业领域发表与以色列有关的文章。民主德国不承认以色列是一个国家，两国并无正式的联络。以色列的魏茨曼科学研究院曾发表过几篇重要的文章，默克尔说她也曾写信给工作上有往来的美国人，想绕道获得这几篇文章。但这仍不足以解释她为什么对以色列怀有那样的深情厚谊。默克尔身为民主德国人，面对以色列所感受到的德国的历史罪责，她是否在过度补偿？这可能是动机之一，但又不是关键因素。

牧师之女的人道观点

默克尔的少女时代，确实缺少了解以色列的渠道。每一个联邦德国的新生代政治人物，在其年少岁月中，当触及德国和以色列的议题时，都会与同人讨论、交换心得、自省，并反思自己的责任。默克尔一直到当上部长后，才有了这种经验。因此，对她产生影响的是其他因素：默克尔和研究与科技部部长里森胡伯一起飞往特拉维夫，里森胡伯是科尔内阁中的重量级人物，所以机场聚集了大批守候的记者，他的以色列同僚也去接机。来自民主德国的年轻部长忽然被晾在一边，无人理睬。劳苦功高的德国大使奥托 · 冯 · 加布伦茨把所有精力都放在里森胡伯身上，却没留意到那位年轻部长快要掉下愤怒的眼泪。这是默克尔从政生涯初期经常显现出的弱点，但她又会很自制地把眼泪给逼回去。

记者们看到了这一幕，对这位从民主德国来的部长油然生起同情心。在这场大型政治游戏中，她像个局外人。后来当默克尔出访以色列，靠自己的努力争取到与以色列外长戴维 · 利维会面的机会时，大使眼中的她身价急剧上升，他又忽然站到她身边去了。

日后默克尔回忆起这次旅程，有一段插曲留给她极深的印象。她去加利利海的塔巴嘎修道院，探视在耶路撒冷锡安山修道院的德国牧师。1995 年汉堡教会大会上，她对自己的信仰侃侃而谈，也提到了塔巴嘎之旅。一位牧师带她穿过修道院，指着周边那个圣经故事中面包奇迹般地变多的地方。她说："我们就站在那片有山丘的风景中，看着加利利海肥沃的平原。那位牧师告诉我们：各位请看，耶稣从这里走下山去，然后来到海边。等会儿各位如果走到下一个海湾就会看到，他就是在那儿遇见了渔夫彼得鲁斯。然后再走上一小段路，就是喂饱了 5 000 人的地方。最后他渡海过去，海面上起了大风大浪。"

默克尔显然由衷地喜欢这个人的虔诚："那位牧师的话，在我心中形成一股力量的源泉，我有点儿羡慕他。"默克尔熟读《圣经》，教会大会那几天，她在查经书时屡屡证明了这一点，她甚至能分辨马丁·路德·金译本与单一章节译本的不同[1]。在牧师家中长大，和《新约》及《旧约》朝夕相处的她，突然亲眼见到儿时故事的发生地点，内心想必很激动。

默克尔与前任总理科尔不同，并不特别爱沉湎于历史之中。科尔一提及欧洲的地位，就等于在谈战争与和平；默克尔则会搬出全球化及未来的危险，来构建她心目中的欧洲。默克尔是德国第一位"二战"后出生的总理（1954 年），比战争儿童施罗德晚 10 年来到人间。她体现的历史是民主德国时期以及两德统一，而她也确实是国家分裂时代的见证人。她很乐意更多了解民主德国的历史。她对于历史的关联和回忆通常相当保留，唯一的例外就是：纳粹有系统地消灭了欧洲的犹太人。

---

① 马丁·路德·金的《圣经》译本问世多年之后，又出现了所谓单一章节的译本，在措辞、历史事实上更为准确。——译者注

绝不让大屠杀的历史重演

默克尔不爱用大屠杀（Holocaust）这个德文词，她都说希伯来文中的“Shoa”，这是以色列的习惯说法，在德国也逐渐被接受。学术界长期深入研究犹太人如何看待自己的牺牲者印记，并且剖析被害者的后代，想通过宏观的角度来下定论。研究犹太人大屠杀时，必须恰如其分地掌握问题，不妄加评论，再描述出这种行为的独特性。“大屠杀”这个概念，在古代是形容焚烧动物的祭祀活动，因此这个说法并不完全贴切。这个概念通过 1978 年轰动一时的美国电视剧，以及那个时期针对华盛顿兴建犹太人大屠杀纪念馆而引发的争论，渗入了英语系的国家和德国。但偏偏因为它与宗教的祭祀有关，使以色列特别抗拒这个词的概念。欧洲的犹太人并不是为上帝而牺牲，他们认为种族灭绝式的大屠杀不是宗教行动，而是邪恶、意识形态、嗜杀、专制独裁的血迹斑斑的事实。因此，“Shoa”才会为以色列所接纳并使用，这个词有“巨大灾难”或“灾祸”的意思。从默克尔采用这个词就足以看出，一旦犹太人决定描述这桩绝无仅有的恐怖行为，她便以实际行动支持。

德国人消灭犹太人的罪愆，在历史上绝无仅有。这个议题吃力不讨好，但默克尔频频端上台面。她大谈历史留给德国的这桩任务，并创造出“文明断层”的概念。她在前两个任期中，曾经四度访问以色列，在以色列国会、希伯来大学接受名誉博士学位的典礼上，以及在一个重要智囊机构的活动中，都曾发表过原则性的讲话。德国的犹太人团体，把各种想得到的奖章都颁发给她，其中最负盛名的要属“莱奥 · 贝克奖”。

2009 年金融危机爆发之际，她在纪念大屠杀 70 周年之夜发表演说。她非常重视以此为题的演讲，通常都要与拟稿的幕僚反复推敲之后，才会定稿。默克尔后来经常自己撰写这类演讲稿，或至少会修改内容。一涉及文字，她就非常咬文嚼字，而内容中永远会有字句谈到德国由于对犹太人的大屠杀，要对以色列负责。她在以色列国会说 ：“德国与以色列，现在、未来、永远，都会因为对大屠杀的共同记忆，而以特殊的方式联结在一起。”这正是她原则性的动能。

默克尔的大屠杀论据中，有两条路线 ：第一，永不再犯 ；第二，如何防范。在她看来，消灭犹太人带来的教训是 ：永远不能再排外，永远不能再有种族主义和反犹太主义。默克尔时常弹奏这三个和弦，而其中值得注意的是，她依照不同的理由，把排外、种族主义放在反犹太主义之前。唯有在以色列国会，她很清楚地先提到反犹太主义，这大概是因为她在今天的种族主义中，看出了比仇视犹太人更大的危险。

“永不再犯”对默克尔来说是一项使命 ：她鼓励德国人与犹太人团体建立关系，倡导这是“为了以色列的国家安全，也为了我们共有的价值观”。价值观是默克尔看待以色列的重要角度。在阿拉伯地区的起义运动期间，她才恍然大悟，在那个地区，以色列才是唯一承载欧洲价值架构的民主法治国家。因此，要是以色列自己都不遵守价值观，尤其是建立屯垦区一事，就会让她非常火大。

对历史负责，不惜批评教皇

如何将历史传承下去，也让默克尔相当挂心，她在以色列国会有此一问："当亲眼见证过的人逐渐离去，我们要如何与大屠杀的记忆共存？"她在别的场合也确切地表示，时间不断向前，见证人和这个恐怖罪行被遗忘的速度非常快："这促使我提出一个非常重要的问题：当亲身经历大屠杀并幸存下来的人们不再与我们共存于世上，我们应如何察觉自己的历史责任？"

默克尔自己曾两次很具体地面对以下这个问题：当面临有偏见、狭隘以及捏造的历史时，应该如何唤起自己的责任感。这两次她与保守的基督教党派意见不一致，这也让她为此付出了代价：第一次因为她表现得太好，第二次则因她太坚决。第一个挑战她的威信的是梅尔廷·霍曼。这位来自富尔达的国会议员在 2003 年 10 月 3 日发表演说。霍曼把德国人是一个有罪的民族的概念加上了时间限制，坚称"邪恶之人与邪恶的意识形态，属于上一个血流如注的世纪的有罪民族"。霍曼越来越激动，并提出一个问题：犹太民族是否也有其"阴暗面"？然后他又与 1917 年的俄国革命做比较，明确表示德国对犹太人的"罪行"其实具有某种“合理性”。

当时身为党团主席的默克尔指示让霍曼留在执政联盟内，并要求他道歉。后来这位超级保守的议员，在一次访谈中旧话重提，这使得默克尔很想把他逐出联盟。但基民党的反对声浪很大，各方人马都不赞成。主要是因为默克尔无法说明，要是不希望霍曼留在联盟内，为何又让他留在党内。于是，这位党主席在这件事情上来了一次大转变，要求开除霍曼的党籍。

2009 年 2 月，默克尔在第一任期即将结束之际，展现出无与伦比的果断作风，毅然批评教皇本笃十六世。1 月月底，教皇重新接纳 4 位传统圣庇护十世司铎兄弟会的主教进入教会，其中有一位威廉森主教，几天前他才在电视访谈中否认纳粹时期杀害犹太人的事实。这件事让本笃十六世深感困扰，也在教会内饱受批评。默克尔任由他们争吵了好几天，然后在与哈萨克斯坦总统共同召开的记者会上，借着回答记者提问的机会表达了对威廉森及教皇的看法。一开始，她意味深长地谈起一个“原则问题”，接着说道 :“教皇及梵蒂冈都应该表明立场，那就是不能否认事实……以我看来，他们澄清得还不够彻底。”

此举让信仰天主教的德国，还有所有以“基督教”为名的党派，都为之情绪沸腾。默克尔可以这样无礼地批评教皇吗？甚至还警告并要求他解释清楚，说明他与大屠杀毫无关系？梵蒂冈立即回应，公开澄清自己的立场，然而气氛仍然很糟，外交的修复期又持续了几星期之久。主教们议论纷纷，有些德国主教表示敬佩，也有些认为这样实在是大不敬。默克尔在党内引发了一场雪崩，她再次遭人质疑——她是否忽视了以“基督教”为名的政党，是否背离了联盟在莱茵地区的天主教核心精神？她这个来自民主德国的新教徒，从第一天坐上党主席之位起就遭到这样的指责。报纸杂志上的时事评论，快把基民党淹没了，天主教选民区也讨论起该党的定位。而这一切，都与价值、政治理念、安全、保守主义有关。默克尔只是说了一句很明白的话，党内就开始沸腾了。

将以色列安全视为国家利益

从默克尔的角度来看，她只是忠于自己罢了。只要听过她在以色列国会或“莱奥 · 贝克奖”的演讲，或者读过那几篇演讲稿，真正去了解她认识以色列历史的过程，就会知道：这件事涉及原则，没有耍花招的余地。

真的没有耍花招吗？一切只是因为事关以色列？默克尔的政治观点常让人看不清，但从这里可以看出她与前面几任总理的区别。她把德国和以色列的关系提升到全新的高度，因为战争与和平、安全与生存的问题突然重要了起来。要解释这个特点，必须从一个论点着手：对默克尔来说，德国要以统一国家和民主政体的形式存在，就必须对以色列抱持正确的历史理解。

早在2003年，霍曼在基民党引发争论时，她便说过这句重要的话：“正因为我们认同大屠杀只能发生一次，我们今天才能说：我们自由了，我们统一了，我们拥有主权。这个认同使我们成为今天的自己。”换句话说：如果德国不接纳历史，不主动面对过往，那么邻国，甚至全人类，就可能阻止这个国家统一，阻止德国拥有主权。总理身边的一位可靠人士，把这些内容整理为一个简单的句子：没有美国和大屠杀，德国将不存在。

默克尔从历史认知中勾勒出一个绝对性的政治使命：德国与以色列密不可分、紧紧相连。而她也赋予德国一个基本角色，要尽责地保护以色列的安全与生存权利。默克尔将这个政治使命套上了“国家利益”的概念。国家利益的寓意深远，她身为总理不可能轻率地使用这个词。

默克尔话中的含义通常比大众听到的还要深刻，这是她的作风。她在演讲稿中注入的沉思、才智，以及引人深思的言外之意，高过一般人听到的字面意义。公认不善言辞的她，把意在言外当作策略，而她思想结构中的第二层面，一般大众则很难轻易进入。默克尔的另一项沟通策略是，与原则性有关的谈话只会对公平遴选出来的国会议员发表。对她而言，国会就是民主政体的中心，当然也就是她发表重要演说的地方。只要听过默克尔关于欧洲、泛大西洋关系、国家处境的原则性谈话，就一定可以得到这个答案：请读一读政府的施政报告，总理都说过了。然而让人生气的是，大众多半未察觉到施政报告中的含义，一切都被柏林政界的杂音盖住了。

默克尔有几次暂时抛开自我节制，试着要引起广大的回响：一次是在纽约的联合国，另一次是在以色列国会。2007 年 9 月，她在联合国大会表明个人信念，阐述了世界在她内心深处的召唤。

默克尔发自肺腑地谈论成长和社会公平性、国际法的重要性、价值观及信念。当讲到贯彻执行力以及联合国的威信，尤其是涉及伊朗的部分时，以下这几句话特别掷地有声："在我之前的每一任德国总理，都负起了德国对以色列生存的特殊的历史责任。我也明白宣示，我要负起这个特殊的历史责任，它属于我们国家利益的一部分。也就是说，对我这个德国总理而言，以色列的安全永远都没有商量的余地。"此话一出，记者们都注意到了，这则信息成功传达出来，只不过尚未完全被消化。

受邀至以色列国会演讲

半年后，默克尔得到一个意想不到的荣誉。以色列这个国家刚满 60 岁，与奥尔默特政府关系升温的德国总理，在这时受邀至国会演讲。以往只有国家领导人有资格在以色列国会发言，默克尔是第一位女性政府领导人，何况还是以带有敌意的德语发表演说。

这趟旅程想必让她心潮澎湃。默克尔感受到了历史的重任与期望带来的压力。她和往常一样，先去了耶路撒冷的以色列犹太人大屠杀纪念馆。纪念馆有两处最让默克尔动容：第一个地方是走出纪念馆的隧道，爬上一道斜坡，一束光线迎面而来，仰望天空以及广阔风景的视野由此打开；第二个地方则是纪念被杀害的儿童的地方。根据以色列犹太人大屠杀纪念馆的介绍，儿童纪念地是绕行参访的终点。

参观者像走在蜗牛壳里似的，穿过一条盘旋而上的通道，进入一个黝黑的洞穴。到了这儿，参观者的眼睛才有办法慢慢适应微弱的灯光，一步一步在昏暗中摸索。三根蜡烛的光芒不断借着镜子反射，映照在屋内，给人一种难以想象的深邃。镜子反射召唤出一种眩晕的感觉，一个沉静的声音念着大屠杀中被害儿童与青少年的名字、住所及死亡年龄——共有 150 万人失去了生命。150 万个姓名，每一个姓名就是一个人。以色列犹太人大屠杀纪念馆中，没有一个地方像儿童纪念地这样，传达出这么强烈的呐喊，默克尔感同身受。走出这个房间，照射在四周明亮岩石上的阳光特别刺眼。

出口处有为官方访客准备的留言簿。这是个残酷的时刻：在最震撼的刹那，目光焦点都在访客身上，她要把心中的想法浓缩在一个句子里，然后大声朗读出来。默克尔事先当然已有所准备，于是她在留言簿上仔细写下拟好的句子："谨记德国应对犹太人大屠杀负责的意识，以及德国政府与以色列共创未来的决心。"她的目光深邃，内心的激动全都写在脸上。

这些画面证明了犹太人大屠杀在默克尔身上产生的情感作用。每造访一次以色列的犹太人大屠杀纪念馆，她的不解也随之增加。德国人怎么能杀死那么多犹太人，只因为他们存在于世界上？默克尔从不公开自己的内心世界，唯有一次，她与德国犹太人中心协调会资深会长夏洛特·克诺布洛赫进行了一次非常私人的深刻交流。

出国访问时，大伙儿晚上会坐在旅馆房间里，把白天的行程在脑海中回顾一遍。这时她大概也会和身边几位信得过的人说说自己的感觉——鲍曼、霍伊斯根、施泰因大使、威廉。如果他们其中有一位同行，对这个话题应该都会沉默以对。默克尔几乎只跟知己“分享”这个时刻。“分享”的意思是，把这一天再走一遍，坦白交换个人的观察所得。分享不是指计划或会晤，而是指倾吐、释放、让心灵吸收领悟。分享是卡斯纳牧师家传下来的仪式，母亲赫琳德和放学回家的孩子们坐下来，认真探讨社会体系内的各种体验。

再次表明以色列与德国的关系

在以色列之旅的最后一天，默克尔进入以色列国会。德国前总统约翰内斯·拉乌曾在 2000 年受邀，他是第一位向以色列国会议员演说的德国人，也是到当时为止的唯一一位。默克尔无疑享受到了总统的特权，她站在石砌的墙前，有几位议员离开大厅表示抗议。默克尔在演说中，重复了她在其他场合说过的要旨，如一年前在希伯来大学授予名誉博士学位的典礼上所说的。顺便一提，默克尔是该校有史以来第一位名誉博士。她必须在国会殿堂上，表达她对德以关系的核心理解，她在这里所说的每一句话都将会永远保留下来。

默克尔再一次以德国与以色列因有犹太人大屠杀的记忆而永远连接在一起的主题作为开场白。她重提文明断层，又说起历史使命。但接下来她一字一句地阐明了她所认知的现代德以伙伴关系。前一天，双方才举行了第一次德以政府磋商，默克尔政府与多个国家一起打造这个外交工具，为的是突显彼此关系的源远流长。大批负责相同业务的部长同时会谈，形同一次双边的内阁圆桌会议。

现在默克尔站在以色列国会，逐字逐句说出双方关系的弦外之音，她问道："独一无二的关系，到底是什么意思？我的国家对这个词，是否真正有所觉悟，而不只是演讲和举办庆祝活动时才用？"一如半年前在联合国的发言，默克尔永远都要在结语中提到以色列："在我之前的每一任政府、每一位总理，都因德国特殊的历史责任对以色列的安全负有义务。德国的这个历史责任是我国国家利益的一部分。意思是说，对我这个德国总理而言，以色列的安全永远都没有商量的余地——唯有如此，这些话在这个充满考验的时刻，才不会变成空话。"

默克尔又谈到国家利益。那么，她究竟在想什么？她实际上是什么意思？如果以色列遭受攻击，她会派军队过去吗？德国要不要参与攻打伊朗的核基地？还是德国政府只会在以色列受到攻击时有所准备，譬如需要地对空导弹来对付外来空袭的时候？若默克尔认为，自己对这些关键问题皆已胸有成竹，那她对自己就不够诚实。

在事关以色列的原则方面，默克尔都会刻意留下模糊的空间，好让自己在正确的时间点上，创造出行动的空间。她在以色列国会回答的问题当中，以与伊朗相关问题的回答最为薄弱："德国将与伙伴们一起寻求外交解决方式，假如伊朗不让步，德国将会决定寻求国际制裁。"国际制裁是指什么？默克尔根本没提到。而且，到底哪些状况会促使她升级军事手段？她从前就警告自己，不许说空话，结果她也并未铭记在心。

力促以巴和谈，功败垂成

默克尔这种含混的态度常受人批评。前外交部部长、后来社民党的反对党领袖施泰因麦耶就认为，她在以色列国会那样重要的地方，说过那些唤起期待的话，就应该负起"履行的责任"。但是她到底唤起了什么样的期待？国家利益的概念在以色列并未引起渴望，没有一位政治人物要求默克尔解释这个概念的含义。这个国家都是靠自己维护安全，不到最后关头不会指望德国，或期待联合国提供援助。如果真有事，那么以色列人会希望动用德国的武器系统，如同伊拉克战争期间使用爱国者地对空导弹那样。

这些话对于伊朗也没有震慑效果，这当然是一次很清楚的政治表态，说明德国对伊朗核武器计划的态度。但德国在其他地方也频频释放信息：伊朗必须公开核武器计划，并且接受控制。然而实际上，出口控制和国际制裁政策一再成为美国猛烈批评的题材，要求德国更果断地孤立伊朗。

默克尔依旧做她自己，并未进一步清楚地交代。而在她最密切的顾问圈内，流传着为她这段话所做的注解，他们说这种谈话只是一种象征手法，一种政治上的表态：德国在以色列这个议题上，永远都不会选择中立。至于在对抗伊朗的战争中，则可以用多种方式来表态——支票簿、飞越领空权、运送军备，最实际的做法则是每次都派兵。虽然默克尔一再申明，根据以色列和巴勒斯坦间的和平解决方案，德国也可以在当地承担一定的义务，譬如在约旦山谷安排一队带枪的士兵。但这个点子并不讨以色列喜欢；再说，要派遣穿军服的德国人进入以色列的邻国，也不容易获得德国国会的通过。要是德国士兵被迫在一场冲突中拿起武器对准以色列，这画面实在会令人觉得不可思议。

默克尔知道，对以色列采取强硬的军事保护，已唤起大家很高的期待，但没有人希望真正兑现。等到默克尔不是总理的时候，想必仍然会将国家利益喊上一喊。同时，她的近东政策逻辑也非常清晰，就是努力促使以色列和巴勒斯坦缔结和约。

刚当总理时，默克尔也曾谈到以色列政策在这个重要战略区域的利益：她的前任施罗德把两国的问题交给外交部部长处理，自己则集中精力经营与海湾国家及沙特阿拉伯的经济关系。伊拉克战争结束后，美国及小布什总统维持秩序的实力衰退，后来美国国务卿赖斯投入许多政治资本，再加上德国的努力，才建立起和平进程，结果却在安纳波利斯会议的最后时刻破裂。

默克尔努力从以色列那儿赢得政治资本。一方面是因为，大家都知道她深信德国应感到歉疚，并且负起责任；另一方面是因为，她还满足了以色列政府的一项核心要求，就是认可“以色列这个国家的犹太人特色”。隐藏于这个公式之后的是一连串的政治事件：以色列首先要思考，为了维持目前的特色，它必须一直是个笃信宗教的国家。然而承认这个宗教，对于该国的阿拉伯少数民族以及他们拥有的权利，其实无济于事。此外，这个公式也表达了一种期待，希望能够为这个国家寻出一些出路。

从以色列和巴勒斯坦地区的人口分布可以清楚地看出，在这块版图上，一个具有犹太人特色的国家是撑不住的，因为犹太人是明显的少数。以色列若不承认巴勒斯坦是个国家，并可根据国际法驻防部队有权留在巴勒斯坦地区，就表示犹太少数民族在一个阿拉伯人口为多数的地方占据了统治优势。这将毁了以色列的民主特色和它在这个地区的最佳立足点。

支持巴勒斯坦争取其国家地位

默克尔在当上总理之前，就把“犹太人特色的以色列”的表述纳入了基民党的党纲之中，那时大部分党代表并未体察其中的微妙之处。但朔伊布勒等外交专家，却与默克尔展开了激烈的攻防战。朔伊布勒的警告现在似乎得到了证实：这样特殊的两国的解决方案，被以色列总理本杰明·内塔尼亚胡领导的政府推得老远。而这段时间以来，受到屯垦政策的影响，更不可能贯彻执行这个解决办法了。默克尔不仅在一开始就将犹太人特色纳入党纲，更将其写进与社民党的联盟合约中。后来与自民党也如法炮制——对以色列而言，这相当于是忠诚的证明和亲善的信号。

2006 年夏天，黎巴嫩战争期间，默克尔立刻用上了这笔预先经营出来的信任。柏林根据两国政府的请求，派遣高级官员到贝鲁特机场，又派海军舰队去黎巴嫩海岸，希望截获真主党非法运输的武器。这一次进驻决策在德国国会造成争执，因为这是德国首次真正派遣士兵进入以色列的邻近区域。最后，默克尔坚持派兵，这也使得她在那段时间在阿拉伯人心目中建立起足堪信赖的斡旋者的名声。以色列总理奥尔默特说她是“真正的朋友”。

这之后又过了几个月，在德国的斡旋之下，以色列与真主党交换了俘虏和死者遗体，激烈的情绪才冷却下去。2011 年，以色列士兵吉拉德·沙利特——以色列自我坚强意志的象征，被关押在加沙走廊 5 年之后，以 1 000 多名巴勒斯坦俘虏为交换条件获释，证明德国的秘密接触于日后也发挥了效果。在欧洲近东调停的最后阶段，默克尔主导整个行动：她勤于打电话和出远门，在欧盟内不稳定的气氛下，仍领导美国与安纳波利斯和平进程的准备工作。

科学与政治基金会认为，默克尔的努力达成了一定的均衡态势。于是她与埃及总统穆巴拉克、黎巴嫩总理西尼乌拉以及巴勒斯坦总理马哈茂德·阿巴斯，都保持着紧密的关系。2009 年加沙战争结束，默克尔很清楚地站在以色列那一边，那时她当然很快就明白了影响力的界限在那里。2009 年年初，内塔尼亚胡政府上台后，调停的网络迅速垮了，内塔尼亚胡一步步粉碎了所有重启和平进程的希望。加沙战争期间，美国违反战争法规以及违反人权的报道，使得情况加剧。以色列对加沙潜水舰队的反应过度，再加上屯垦政策，无疑是雪上加霜。

与内塔尼亚胡的最终决裂发生于 2011 年秋天。巴勒斯坦人在外交上施压数月，而且手段相当高明。他们希望在联合国召开大会时，能够提升自己的合法地位，承认他们是一个国家。很显然，这不会成功，但他们提升地位的要求却赢得了全世界广大范围的同情。默克尔与欧盟外长阿什顿致力于促成一次交易，迫使近东提出说明。但就在即将有所突破之际，耶路撒冷传来了消息：内塔尼亚胡批准了在城东兴建新的定居点。

默克尔怒不可遏，觉得被内塔尼亚胡摆了一道。那几个月中，直到

2012年夏天，这位总理再三消耗了她的信任。默克尔查阅了机密电话谈话的内容之后，承担起后果。依照外交辞令，这种关系变冷淡了。巴勒斯坦人在联合国提出要求未果之后的一年，2012年11月，他们终于成功地将合法地位提升至“非成员观察国”。这次德国没有站在以色列一边，它和许多欧洲国家一样表示弃权，借此支持巴勒斯坦具有国家地位的核心政策。德国与以色列之间的艰辛事务，默克尔算是从头到尾经历了一遍。这是一场考验精神的磨炼，而且看起来尚未结束。

Angela Merkel
Die Kanzlerin und ihre Welt

第9章

永远的对手普京
亦敌亦友的俄罗斯宠儿

2006年1月，刚宣誓就职不久的默克尔总理赴莫斯科进行上任后的访问。在克里姆林宫，精力充沛的普京递给她一只毛茸茸的小狗。它在靠背椅上坐了好一会儿，外交顾问霍伊斯根趁旁人不注意，把小狗夹在手臂下带出克里姆林宫，这是第一次恶作剧。第二次是在一年之后的2007年1月，发生在克里米亚半岛。这一回普京在黑海海滨的总统住所接待默克尔，门忽然打开，一只名叫科尼的黑色拉布拉多犬冲进房间，闻了闻默克尔，然后躺在她的双脚前面。相机拍下了这一幕，默克尔噘起薄唇，双腿紧紧并拢，很不自然地缩成一团。普京则是趾高气扬地往后靠，眼睫毛下垂。有些人说，他简直就是一副施虐的姿态。默克尔一点儿都不喜欢，她不相信这是意外，而且痛恨被耍弄。从此以后，默克尔每次与普京见面之前，都要在例行的外交礼仪与行程协议中，特别提醒会面时不许再出现狗。

狗的事情，普京想必是刻意为之，这位俄罗斯总统很喜欢他的狗。但默克尔不喜欢狗，甚至会怕狗，这要从1995年8月，在勃兰登堡州乌克马克县被狗偷袭开始说起。那天她骑着自行车去周末度假屋，邻居养的猎犬攻击她，咬伤了她的膝盖。在那以后，默克尔先是不骑自行车，然后对狗也再不感兴趣了。像这种事，普京这样的人物不会不知道，他的直觉很强。

默克尔的心中有两个美国，同样也有两个俄罗斯——一个是私人的，一个是工作上的。私人的俄罗斯，是女学生安格拉通过俄语竞赛、旅行和文学所建构出来的。她喜欢托尔斯泰、陀思妥耶夫斯基，她一直都热爱俄语。她并没有如谣言所说，在苏联留过学，而是在旅行时见识了莫斯科。至于南俄罗斯及高加索地区，也都是通过旅行才认识的。这个非常正面的俄罗斯留在她的心中，而政治上的俄罗斯则相反，对默克尔来说，这一点与普京这个人有关。

"老夫老妻"过招

默克尔当选总理时，普京已经做了5年总统；后来他更换职位接掌总理府，又在2012年重返国家最高位。自从默克尔当上基民党主席以来，普京就位居俄罗斯权力的巅峰。此外，默克尔与普京不仅年龄相当（那个俄罗斯人比她早不到两年出生），两人的人生历程还有点儿相似。

普京在德累斯顿度过了 5 年时光，经历了民主德国及华沙公约组织的垮台，还学得一口流利的德语。默克尔在苏联部队驻防的滕普林长大，在俄语上展现出语言天分，与普京曾经历过政局改变的一刻。默克尔美化了西方，她把对自由的热爱实现在西方的政治上。相对而言，1989 年的剧变，并未让普京转变成热忱的民主人士。每当默克尔与普京会面，便有两种世界观的互相碰撞，柏林墙倒塌对默克尔来说是一种解放的体验；对前苏联国家安全委员会中校普京而言，则是一次创伤的经历。

所以说，他们两人的私人关系自然会对德俄关系有非比寻常的影响。外交在此果真个人化了起来，至今他俩见面时，总还有点儿夹枪带棒。虽然过了这些年，他们也经营出一定程度的尊重，但竞争的味道不曾衰减，连小到不能再小的揶揄都暗藏着较劲的味道。当默克尔在柏林迎接重新上任的总统普京时，她像妈妈似的严正警告他："你又迟到了。"这也许在暗喻老是迟到的戈尔巴乔夫。普京回答，俄罗斯人就是这样，她早就该知道了。

这两个人曾言辞交锋，炮火猛烈地争论。2007 年去克里米亚半岛访问一事，默克尔和随行人员至今仍难忘记，不过并不只是因为那条黑色的拉布拉多犬。默克尔在前一年，因为利用上任后出访莫斯科的机会在内政方面赢得了尊重，也和反对派人士见面。身边女性职员不多的普京这才学到，原来与他打交道的不是一个软弱的女子，而他曾还一本正经地建议她，应该举办一场服装秀作为德俄合作的证明。

第一回合的权力斗争在克里米亚半岛上演，石油、天然气、安全问题、乌克兰……普京饰演苏联国家安全委员会官员，说话轻声而坚定。后来他开始变得粗俗，拼命在稿纸上写字，种种手势与表情都显得很急切狂躁。这副样子让默克尔想起了国家安全部。她把普京的举动拿来一对照，突然间所有旧日的回忆都重新苏醒。参加这场圆桌会谈的人说，他们只握了一次手。已经平静下来的默克尔便发挥了她惊人的才华。当他们偶尔得对质几年前谈话的细节时，她对档案内容之熟稔令人吃惊，她的好记性也让幕僚气馁不已。

默克尔与普京的对决气氛持续到今天，而普京也从中学到了一些经验，现在的他也会试着以子之矛，攻子之盾。若默克尔批评俄罗斯官员对待外国党派基金会的种种作为，普京就会拿德国社团法和赋税反击，因为德国相关的法律皆是根据政治运作而制定的。他要表达的意思是：请问两者有何区别？在这些争辩的战役中，有时会让人忍不住联想到，默克尔和普京很像一对老夫妻，早就摸透对方的花招与伎俩，而且对方说的每一句话都听过了。默克尔大概会这么说，得时时留神提防他——普京也一样。

对普京的傀儡抱持错误的期待

只要政策符合默克尔的信念，这种根本上的不信任就无碍于她推动有利于俄罗斯的政策。譬如 2008 年 4 月，美国希望为格鲁吉亚与乌克兰铺路，让两国进入北约组织，默克尔则在强大的压力下表示反对。在这场峰会中，默克尔的反对给予了这两个不稳定国家成员行动计划，美国却特别想支持格鲁吉亚，使其成为美国在俄罗斯南方的堡垒和前哨。当然，这也跟通往天然资源丰富的中亚中转站有关。默克尔独排众议，认为该地区有太多冲突没有解决，而且格鲁吉亚长期处于战争中，民主政体不稳定，又有一位很奇特的总统萨卡希维利——到目前为止大家对他的认识并不多，只知道他已向华盛顿称臣。

默克尔的反对让小布什很不高兴，普京反而表示了感谢。默克尔纯粹从客观的论据出发做出的这个决定，而她也曾顺口提到，她其实有足够理由对普京不客气。不久前，这位总统才得罪过她。他在慕尼黑安全会议上，与西方代表大声辩论，一副明天就要爆发战争的样子。当时默克尔面无表情地坐在大厅，一句话也没说，与整个西方集团代表的反应几乎一致，只不过他们任由俄罗斯的暴风雨刮过来，吓呆之余只好逆来顺受罢了。

默克尔对“过渡期”的俄罗斯总统梅德韦杰夫寄予厚望，他在 2008 年年初当上总统，虽然是在控制之下的权力转移，而且新总统又是前总统的徒弟，不过默克尔仍期待与俄罗斯的往来可以轻松一些。默克尔抱持这种想法很长一段时间，以为这两人南辕北辙，梅德韦杰夫总有一天会摆脱普京，发展出自己的风格。普京这个威权官僚俄罗斯的代表，把寡头政治的附庸梅德韦杰夫紧紧拴在绳子上，但是默克尔不相信这种说法。最后，这位国家领导人于记者会上坦承，果真有一个权力转移计划：几个月前就规划好了角色的交换。梅德韦杰夫到底怎么当上总统的，谜底终于揭晓。默克尔觉得自己太善良可欺了，被骗得好惨。

2008 年 8 月月初，梅德韦杰夫当总统期间，格鲁吉亚总统萨卡希维利攻打南奥塞梯这个长期挑衅的叛乱省，让他遇上了最大的危机。关于战争爆发的原因及过程，专家已经钻研很久，但在政治方面，至今只以简短几句话带过：萨卡希维利高估了自己的力量，期待国外支持，同时试图引发冲突。他在煽动挑衅之余，任何挖苦讽刺都可以成为发动战争的借口，于是跌落至俄罗斯的陷阱。俄罗斯以反击来响应这场攻击，一举占领南奥塞梯，促使南奥塞梯宣布独立，不过只获得四国承认，俄罗斯当然是其中之一。

法国总统萨科奇时任欧盟理事会主席，默克尔在他的要求下出面过问这场危机，而萨科奇则在交战阵营之间摇摆不定。默克尔主要担心美国，因为美国除了给萨卡希维利政治支持，还想提供其他的东西。但她的怒火是针对俄罗斯而发，认为俄罗斯这个妄自尊大之辈，竟然在格鲁吉亚核心地区上演扩张权力的戏码，还让坦克纵队耀武扬威开进城里。默克尔不愿为萨科奇从中调停，因此招致各方指责，其中尤以美国的谴责最为严厉：要是三个月前，萨卡希维利获准取得加入北约的资格，就根本不会爆发战争。默克尔间接被告诫，她的态度等于是在告诉俄罗斯，要他们利用这最后一次机会好好清除南高加索地区的走廊。

用自己的方式与俄罗斯打交道

默克尔答道：错了，战争是萨卡希维利挑起的，一旦躲进联盟的羽翼之下，北约组织便会永无安宁之日。总之，在开火的那段日子里，默克尔去找过梅德韦杰夫，又到了格鲁吉亚首都第比利斯会晤萨卡希维利。她在回程途中明确地表示，虽然她的内心不断在犹豫，不过已经有了决定。在权衡了萨卡希维利的蠢行和俄罗斯过度反应之间的得失后，她说："格鲁吉亚是自由独立的国家，每个自由独立的国家都能与北约组织的成员国一起决定，要在何时以何种方式加入北约。12 月将进行第一次评估，我们的方向很清楚，将在成为成员国的路上迈进。"这是很典型的默克尔："与成员国一起"表示德国将必须投票赞成。不过 4 年之后，格鲁吉亚在这条平坦的路上依旧寸步难行。但俄罗斯希望默克尔说清楚，她不会容忍类似冷战期间的占领举动。

担任总理与俄罗斯打交道，让默克尔经历了一筹莫展的滋味。总理任期之初，她受惠于前任总理与普京的良好关系。相较于施罗德，她轻轻松松就能与其保持距离，因而受到肯定，并有所收获。与反对派人士见面、与民主人士共饮葡萄酒和伏特加，则为她营造出与寡头政治制度的距离。嗓门大、孔武有力的施罗德，以及与叶利钦享受蒸汽浴的科尔，都不是她的作风。默克尔用她自己的方式喜欢俄罗斯，她与基民党内赞美俄罗斯的人理念不合，因为那些人是在戈尔巴乔夫与叶利钦时代积累出的苏联经验，并且指责她没有把这项遗产进一步用在与俄罗斯的关系上。她只回答，戈尔巴乔夫时代早就过去了，苏联已不复存在。

她第一位外交部部长施泰因麦耶的对俄政策，如伙伴关系现代化与中亚战略等，现在已无人提起。也许是因为这个世界持续动荡，让俄罗斯问题变得次要，不像伊朗和叙利亚等政治问题那么麻烦。德国或欧盟发起的外交政策很少被俄罗斯接受，这个国家不再与欧洲那么亲近，它尝试拉开距离，自己建立一个欧亚联盟，一个新的势力范围。俄罗斯这个国家，拒绝了各方的亲善举措，普京过了这么多年仍在掌权，他不但没有变弱，反而变得更强硬。反对势力变大了，而且正在创造新的反对势力。默克尔必须规划出她自己的一套对俄政策，她在欧债危机时忽视了这个议题，但俄罗斯是欧洲的邻居，永远都不会消失。

Angela
Merkel
Die Kanzlerin
und ihre Welt

第 10 章

中国矛盾

要做生意还是坚持理念

有时候，只要从汽车窗户往外瞧一眼，就能知道这世界变得有多快。默克尔除了从车窗望出去之外，通常没有别的选择，尤其是访问中国的时候。默克尔频频出访中国，几乎一年一次。除了俄罗斯总统普京之外，没有哪位重量级的政治人物能够与默克尔一起同在舞台上这么久。

默克尔的中国行程必定有从车窗向外望这一幕：她想看出，这次行驶于大街上的，是自行车还是汽车居多？在拥挤的车流中动弹不得的，都是些什么样的车？城区内又有哪些变化？从默克尔当上总理以来，中国骑自行车的人数不断锐减，街上甚至有很多德国车，在北京骑自行车甚至会有生命危险。在外观大同小异的蜂巢式大楼一幢幢盖起来的同时，近年中国也有许多大城市把以前租界的老旧别墅和历史建筑物重新翻新。因此中国有一点儿迪士尼乐园的味道，但这也是成长的中国富裕的标志，富庶带动人们开始思索价值与美学。

默克尔在中国可不能随心所欲地上街，如果她这位贵宾像游客一样溜出旅馆，就算只是想在街上闲逛一会儿，对东道国而言都有失体面。安全考虑、外交礼仪以及政治礼节都禁止她这么做。每次去中国访问，她都是先到北京，之后再去某一个省，一切都计划得严丝合缝，中国方面不允许任何意外发生。不过有一回，德国代表团未按照事前安排的行程进行活动，说默克尔想参观集市，而且马上就要出发，于是，她靠着翻译人员的帮助，跟几个人聊了一下。

中国经验对民主德国长大的默克尔来说，充满了矛盾。但是，这股团结一致的动能又让她着迷。

她改变了对中国的印象

这些片段最能让默克尔回味，她和每一位游客一样，热爱异国情调，譬如早上从旅馆房间的窗户看到一群老人在做早操。她很喜欢去西安参观令人印象深刻的兵马俑。她在中国度过了56岁生日，并把这场参访当作送给自己的礼物。她在北京的德国大使馆晚宴上，认识了多位省长，这同样让她难忘。这些政治人物来自各省，参加外交部与歌德学院合办的巡回展览，并抵达北京，到好客的德国大使施明贤所在的东直门外大街接受款待。晚餐时有同声传译，于是气氛变得轻松活泼。默克尔特意问了一个简单的问题，引起客人们滔滔不绝的响应：省长们晚上睡觉前，心里在想什么？醒来之后，想到的又是什么？

他们的反应很直接：每年的就业问题，离乡背井的农民工的压力，所属地区的安定团结，还有环保问题等。默克尔大吃一惊，她很少有机会听到这些。这一天晚上，她真正领略到中国之大。

与前两个总理任期相比，默克尔的中国图像彻底改变了。2007 年默克尔第二次访问中国时，他穿着领口敞开的衬衫，以中国的标准来说，这已经有私人会晤的味道了。中国领导人在中南海接待默克尔，这里是党政高层居住和工作的地方。在高耸的围墙和大门的后方，一座宽阔的公园内，有环湖而建的官邸、宾馆、谈话室以及凉亭，十分美丽，只有少数几位外国宾客才能受邀进来。2012 年代表团对话时是采用即时翻译以节省时间。这对谨慎的中国要员而言是极大的妥协，即时翻译表示可以让他们有更多说话的时间，但思索如何正确反应的时间却缩短了。这种非常形式化的会面场合，都是事先拟好话题的，尽可能顺畅自然，少讲客套话。这并不容易，因为之前确认过的细节环环相扣，谁要是让谈话伙伴感到尴尬，到最后将一无所获。

中德经济合作

外界难以理解，为何默克尔会长期倾向于合作而非对立。中德关系主要以经济为基础，贸易总额达 1 440 亿欧元，只是 2011 年德国对中国的出口额便增长了 20%，后来则高达 650 亿欧元，有 5 000 家德国企业活跃于中国市场，中国晋升为德国除欧盟之外最重要的贸易伙伴。欧盟中只有德国享有如此的经济关系：欧盟出口至中国的货物中有一半来自德国，这可以说是最高等级的经济关系。欧洲外交关系协会对中德"特殊关系"提出警告：经济上的依赖将制造出政治束缚，使柏林脱离于欧洲团队和西方国家。中国从纯粹大量生产的工业社会变成高科技国家，而德国将成为这项工程最重要的支柱。少了德国的工程技艺，中国经济难以快速起飞。但到了某个时候，钟摆将会倒转，中国市场现在就已经对大部分的欧洲了无兴趣。

默克尔很镇定地面对批评。没有德国，中国照样会飞快发展，欧洲若想承受住全球化的压力，就要与中国一较高下——这是她的信念，而她依照信念行事。

2010 年，她在中国的中央党校演讲时说，未来每个民族都不会再把多元化视为危险，因为这是人类的天性。过了两年，她观察出"人们都渴望追求自由。人们在享有温饱、受到更多教育，并且能有所发展之后，这个问题就会越发强大而迫切，而且每天都得面对"。

我们再次看到默克尔的最高指导原则：制度竞赛、西方的生存能力及价值观。在默克尔眼中，这就是她在所有出访行程、经济关系以及友善姿态背后所隐藏的任务。

若想在地缘政治的大型竞赛中挑战中国，德国太弱了，这个任务现在由美国接手。奥巴马政府运用太平洋攻势，以及军事上势均力敌的政策，展开重返亚洲的战略。默克尔乐于见到这种政策，她认为德国有义务让欧洲壮大为一股经济抗衡的力量。等到这一天终于来临时，他们就必须在美国的利益以及德国在中国的经济利益之间有所抉择。不过，现在还没有到必须做出抉择的时候，最后应该站在哪一方，她还有点儿犹豫。

Angela
Merkel
Die Kanzlerin
und ihre Welt

第 11 章

欧债危机（上）

对欧洲从期望到失望

欧洲学院位于景色如画的比利时布吕赫，它仿佛是理想主义的堡垒一般，将虔诚相信欧洲应该被整个联结起来的人，齐聚在此地上课。位于威维迪街的新校舍，看起来像个巨大的氧气筒，也像是有玻璃斜屋顶的水泥蜂巢，如风箱般源源不断供给欧洲组织新鲜的空气。在这里，欧盟精神可以大口呼吸，而默克尔也想在这里给欧洲的年轻人说几句金玉良言。又或许，她只是想安慰自己，为自己打打气。

2012 年 11 月 2 日星期二，欧盟各国政府领导人几天前才决定要撤掉当初为贫困成员国仓促撑起的保护伞，重新打造能持久的机制，因此必须更改欧洲的条约。一想到那旷日持久的过程，以及公投时会遇到的阻力，各个国家都觉得犹如噩梦，但是又非得做点儿什么不可。欧洲的情况糟透了，金融危机一年来对各国经济给予了沉重打击，提供金援的银行疲于应付，然而不少国家的财政依旧岌岌可危。希腊的问题来势汹汹，到了11月，爱尔兰、葡萄牙紧跟其后，纷纷要求欧盟援助。至于如何才能确实摆脱困局，德国与法国的看法并不一致。到处都有人潜心钻研，让人感觉命在旦夕，却又没有任何特效药。

这天早上，一个小包裹寄到了总理府，安全人员立刻拦截下来。那是一个从希腊寄出、里头捆扎着炸弹的包裹。这种事很罕见，就算真发生了，通常也不会让大家知道。难道默克尔成了希腊极端主义分子的目标了吗？经过危机初期的群情激愤的几个月后，这其实并不太令人惊讶。这一天，默克尔的心思放在别的事上，她想好好表现一下，在布吕赫演讲的开场白中，放进应该让大众知晓的爱因斯坦趣闻。今天，她受邀去比利时，出席那所大学第61届开学典礼。每个新学年度之始，都会冠上一位德高望重人士的名字。这次理论物理学中选——“爱因斯坦”，这让专攻理论物理学的默克尔总理特别高兴。

默克尔请台下大学生想象自己身处19世纪的情境。她回忆起自己的偶像居里夫人，也回忆起丹麦物理学家玻尔和爱因斯坦。接下来默克尔很坚定地说，即使是爱因斯坦这样了不起的科学家，也都要用一生的时间孜孜不倦，“才得以认识并理解另一个广大的世界，也就是量子力学，以及那个很多数值之间关联性非常紧密的东西”。学生们想必发出会心一笑，他们之所以读社会科学而不是物理，正是因为他们大概永远都弄不懂量子力学。默克尔懂量子力学，但她想引出别的话题——爱因斯坦的例子告诉我们，要抛开一个通过科学认知因而习以为常的世界图像，转而接受新的图像，有多么不容易。“界限显现了出来——了解自己的界限，以及一个特定时间的界限。”

默克尔并不想接受这样的理解界限，她想要探测自己的界限，就算处于欧债危机中也一样。欧债危机让默克尔碰到了这个界限，因此 11 月 2 日这天，她仍在与时间赛跑。每当感觉撑不下去时，时间总能帮上忙，因为默克尔确信，界限将会被“卓越的人”突破，“当我们在新的空间内思考、处理和研究，一切似乎就会在突然间变得非常简单。我们将无从理解，为什么前几个世代的人一直弄不明白这个道理”。

在摸索中认识欧洲

自然科学家默克尔接着说，但愿“通过科学知识”，能够让她从外部理解问题。她希望最后能走进那个新空间，看见所有东西陈列得清楚又简单。危机，一时之间还不太像危机。她在别的场合说过，那是个阴暗的房间，漆黑一片，伸手不见五指。人在里头要摸索着向前，走错一步，就再也找不到出口了。

默克尔政治生涯之始，就是在摸索中走向欧洲。民主德国最后一段日子里，她担任德迈齐尔政府的发言人，见识到欧洲经济共同体的运作有多残酷。当联邦德国马克以 2∶1 的汇率进入民主德国，再多联邦德国的钱，也救不了这个衰退国家疲弱不振的农业。产品一夕之间统统没了销路，农夫在田里焚烧收成，整个行业进入冰点。从联邦德国倾销而来的食品淹没了民主德国。市场上所有产品都获得政府的高额补助，由国家来补贴农业是那时欧洲经济共同体的特点。

默克尔不是在欧盟成员国出生的孩子，她一有机会便强调，自己从外围观察欧洲 35 年之久，她看西方的眼光和许多中欧人相似，是以盎格鲁–撒克逊的眼光为准。这显然是受到教英文的母亲影响，当然又和美国对她施展的魔力有关。她无从知晓科尔和朔伊布勒等受到传统欧洲熏陶的政治家，他们都是阿登纳的学生，身处欧洲统一的初期，强调德法和解。科尔常说他们小学时，把划分德法边界的路障推倒；朔伊布勒可以从家附近的小山丘上一眼看到法国。默克尔不了解这种边界的气氛，她下了很大功夫才学会全套的欧洲剧目，其中一部分是从与幕僚的谈话中学到的，他们向她解释了西方的过往。

在欧洲国家当中，她对法国最为陌生，虽在民主德国短暂学过法文，但那位女老师和一个加拿大人结了婚，申请出境后再也没有回去。德国统一后，默克尔去法国旅行，想探索这个国家。她到了普罗旺斯，通过科尔介绍认识了法国历史学者与出版人约瑟夫 · 罗旺。罗旺是在德国慕尼黑出生的犹太人，也是促进德法和解的重要推手。默克尔还结识了法国政治学者亨利 · 默尼迪耶，默尼迪耶带她和绍尔去诺曼底玩。默克尔还是年轻的环保部部长时，首度体验到从法国精英学校——国家行政学院毕业的人可以自负到什么程度。她部门里就有这么一位毕业生，对她这个德国女性部长相当冷淡，总是让其他官员发言，自己低头看文件。所以默克尔也常研读文件，让手下的官员说话。

默克尔在环保部部长任内，参加了一位顾问的婚礼，去了欧洲大陆最美的几座小镇过了几天。这在今日可以说是难以想象的奢侈享受，那位爱尔兰同事带大家走过都柏林每一家充满班卓琴乐声的酒馆，隔天再去海边吃龙虾。部长们在法国卡马格骑马，在西班牙畅饮从大酒桶中取出的雪莉酒，全都是欧洲习俗。

协商高手，在欧盟崭露头角

2005 年 12 月 15 日，默克尔第一次以政府领导人身份到布鲁塞尔出席欧盟理事会，那是一段难以形容的经历。默克尔在欧盟的声望原本不高，因为她是亲英派，之前又没在欧洲政坛摸爬滚打过，这次主要因为她是德国基民党主席，可以为葡萄牙基民党的巴罗索提振竞选执委会主席的声势。2005 年 12 月 16 日，默克尔参加峰会的第一晚便协商出新的欧盟预算方案，提振了她的名声。按欧盟所说，这是到 2013 年的财政愿景。她是准备最充分的政府领导人，所有细节都说得头头是道，也是唯一坚决主张通过谈判达成妥协的人。默克尔提出的办法，优于布莱尔、希拉克或卡钦斯基，因此胜出。她用事实说服反对她的人，一个接一个的论据轮番上阵，用更好的论据打倒他人的论据，促成会议通过决议，所有争议事项无一遗漏。这晚，她赢得了极大的尊敬。

第二次大获全胜是在两年以后。德国是欧盟理事会主席国，又在八国峰会占有一席之地。这时的默克尔已经活跃于国际政坛，为德国在世界上争取到新的空间，此外，她还有能力协助处理近东地区棘手的外交僵局。欧盟理事会主席国的位子不好坐，那时的欧洲已经进入了死胡同。

2004 年，各成员国领导人在庄严肃穆的仪式中签下的欧盟宪法，于争吵声中宣告失败。法国与荷兰民众都投票反对，欧盟宪法已失效，要尽快拟出新宪法。成长中的欧盟，刚刚扩充到有中欧、东欧共 10 个国家参与，它急需新的动能，而所有希望都寄托在默克尔身上。2007 年 1 月 1 日，她代表德国接下了欧盟理事会主席国的大位。

在那之前的几个月中，总理府比平常还要忙碌，默克尔身边的欧盟小组——前总理府主任小德迈齐尔、办公室主任鲍曼、发言人威廉、前欧洲司长乌韦 · 科尔皮欧斯、外交顾问霍伊斯根，一起全面分析条约中的问题以及宪法文本的核心，不过最重要的是分析各国负责欧盟事务的角色。默克尔很高兴能够通过这些事前准备，清楚掌握欧洲理事会各国代表在其国内的政治倾向。她针对为期 6 个月的谈判拟订了计划，但心里很清楚最后未必能找出解决办法。依照惯例，冲突总是等到最后关头才会爆发。

默克尔在 1 月开始进行这些事时有具体的计划可循，什么时候该拜访谁、该做些什么，全都一清二楚。一位幕僚日后叙述，总理把问题改得像一本小说，“还列出必须一一完成的 17 个要点”。完成是默克尔所理解的政治过程：为一个问题下定义，在她的思考世界中将之归类，分配到子问题，然后予以解决。于是，在宪法问题方面，他们列出各个国家关键人士的名单，也就是重要政治人物与幕僚之间的基本关系。默克尔想知道，假如甲幕僚在法国总统面前对特定议题态度有所保留，但若有第三国的幕僚从中劝导，是否能发挥功效？根据计划，一开始会有多次的个别谈话，然后是小组会议，让各方于周末在联邦政府梅泽堡国宾馆开会。她就像青年旅馆的负责人，从这个房间走到另一个房间。随着布鲁塞尔峰会的日子即将来临，她成为欧洲政府领导人中唯一熟谙一切的人。

以“追求共同幸福”凝聚欧洲

她没料到波兰总理卡钦斯基坚持不肯退让，他和担任波兰总统的双胞胎哥哥在幕后操纵，不断提出新的要求，要求个别国家应有投票权。波兰希望借一个“平方根公式”，投票赞成多数决议，其他政府领导人被烦得直翻白眼儿。卡钦斯基一再离开会议，打电话到华沙征询他哥哥的指示。波兰人形容这次谈判攸关生死，其他人由于这股激情而轻轻嗤叹。默克尔不断发问、权衡和引导，把谈话导向她默认好的结果。波兰一直都不投票，于是她离开了协商会议。此举并无冒险之虞，她信得过其他人。波兰终因法国施压而让步，后来依据签约地点命名为《里斯本条约》。《时代周刊》盛赞默克尔的谈判技巧："默克尔总理深谙后现代政治的力学，进而掌握欧洲之本质，因为唯有通过不停的讨论，方能使欧盟进步。"默克尔与欧洲本质，原本没有人认为可以结合的东西，突然间打成一片了。

默克尔要很努力才能弄懂欧洲，她频频展现的理性形象，一种理智的体系，也是如此。默克尔一向喜欢把她苦思冥想的结果分享到各场演讲之中，国会殿堂是优先选择，有时候她也爱在庆典上谈一谈。2007年德国是欧盟理事会的主席国，她两度更改讲稿中关于共同体的看法。其中一次是庆祝《罗马条约》50周年的讲话，庆典时间正逢德国总统选举，默克尔下令2007年3月在柏林举行盛大的庆祝活动。她借这个机会，重提她自由力量的人生主旨："当我们寄希望于自由的力量，就是关注在人的身上，而自由就是核心。"默克尔又如预言般补充道："信任也是不进则退的，建立信任需花费数十年时间，失去信任却只在一夕之间。"她认为，所谓的"一夕生变"应该会在两三年后发生。

柏林的欧洲世界尚称井然有序，默克尔是外交界冉冉升起的明星，媒体称她为世界上最有影响力的女性。这使得欧盟政府领导人签下极富企图心的气候变迁改善承诺，之前美国总统也屈服了。在欧盟成立

50 周年纪念日，她重申自己的主旨，再三阐明欧洲大陆的欢乐与痛苦："我们欧盟公民，有志一同追求幸福。"好一句掷地有声的话，因为话中含有某种不可避免的宿命意味，似乎有一种更强大的力量敦促着欧洲团结一致。此外，这也是一语双关，"追求幸福"——默克尔知道，这句话将成为她的标志。这句话是总理府从美国《独立宣言》中关于基本人权的观念借来的："生命、自由以及追求个人幸福。"

其他表露心声的演讲就没能引起那么大的注意。2007 年 1 月 17 日，默克尔在斯特拉斯堡的欧洲议会上发表演说，那是个嗅得出大难临头的冬日，大雨滂沱、狂风怒吼，电视警告将有一场世纪飓风基里尔（Kyrill）来袭。也正因为这样，当默克尔在欧洲议会提出警告时，没有人重视。

欧洲的灵魂是包容

选举欧盟理事会主席国时，各国政府领导人都会造访斯特拉斯堡的这栋高楼，大部分领导人会把这个行程当作扰人的义务，这其实并不意外，因为议会是欧洲权力体系中最薄弱的一环。萨科奇就不把它当回事，他安排修建会议中心时，只整修了边缘。主席国成员在被请上主席台之前，通常会与全体代表坐在一起，会议厅内每张椅子都有编号，主席国成员的这张座椅上写着"2"，这样法国总统就没办法了。像萨科奇这样的法国总统，根据他的想法，不能坐在第二位，于是他在来访之前就要人把那个“2”卸下来。

在默克尔的世界里，座位编号一点儿也不重要，重要的是议会本身，国会已经成为她的民主制度的中心了。她准备去斯特拉斯堡讲述自己的欧洲信仰时，也觉得自己对欧洲议会怀有一份责任。那次演说很深入，应该是她针对欧盟及其危机所发表过的最重要的一次谈话。总理府的人员为了这篇讲稿伏案多日，选举主席国几个星期前就在讨论，应该传达哪些原则性的信息。默克尔有一次在8楼一间小小的总理包厢用晚餐，把亲信和两位外部顾问都召集过来，发言人威廉和欧洲顾问科尔皮欧斯担任引言人：如何将欧洲的情感包装进去？必须从“黑面包”中演绎出一则信息，让府内的人用“政治职责”来称呼这些句子。于是他们的讨论就紧紧围绕着经典思维：多元、尊重、战争与和平——直至加入了包容。总理府的人至今依然只叫它“包容演讲”，因为人人都应该知道这是怎么回事。默克尔花了很多心思，提出欧洲的意义以及核心何在等问题，然后给出答案。是什么把欧洲团结在一起？我们要它做什么？怎样才能感受到欧洲？

她把答案概括进三个词组成的句子里：多元、自由、包容。她引用了捷克作家卡雷尔·恰佩克的话：“欧洲的造物者把它做得小小的，甚至又把它分成微小的一块块，所以我们的心不为大小而喜悦，而是为了多元化。”但根据默克尔的分析，对多元化心怀喜悦并不够，因为若缺了一个基本要件，多元化就无法存在。默克尔继续说：如果没有自由，多元化则无法长久单独存在。自由包括："公开说出自己意见的自由、相信和不相信的自由、商业交易的自由、艺术家根据想象创造作品的自由。"

又是自由，默克尔的自由。"欧洲需要自由，就像需要呼吸一样"，因为"在自由受到钳制的地方，我们会失去活力"。默克尔把她简短的哲学论文提升一级，提出这个关键问题：什么能使人看出多元化的好处，并在多元化的整体中有责任感地享受个人的自由？答案是包容，"欧洲的灵魂是包容，欧洲是包容的大陆"。

且慢，德国总理有资格谈包容吗？不正是因为德国难容异己，再三让欧洲遭遇不幸吗？总理的逻辑没有错，她必须说："我们花了几百年时间来学习，在迈向包容的路上，我们必须忍受灾难。我们迫害并消灭彼此，让故乡荒芜一片……我的民族犯下了最恶劣的仇恨、迫害和毁灭，让人无法存活。"正因如此，默克尔告诫世人，包容会因为骄傲自大而难以立足，欧洲有义务培养包容力，同时应尽可能加以奖励。默克尔援引德国作家彼得·普兰格的话："欧洲人曾经实现、完成的一切，都要感谢我们内心的矛盾与冲突，永远存于我们身上的分裂不和，相反意见、思想与反思、命题与对照。"那么，欧洲为什么能够成功？默克尔的答案现在远近闻名：因为欧洲领悟了包容的价值。演讲后不久，这种包容就受到了严峻的考验。

将欧洲政治视为内政的延伸

若要了解危机政治家默克尔，我们需要观察没有危机的阶段，也就是她发表多愁善感的原则谈话与表露心声的那段日子。欧洲人民由下而上要求政治人物表露自己的人生观，欧盟热切盼望着原则性的东西。布鲁塞尔的智囊团提供了各种观察方式，柏林的洪堡大学开设出一门系列课程，叫作“洪堡欧洲讲座”，请客座教授畅谈自己的政治理念。柏林的“欧洲讲座”是“针对欧盟的状况”，并提出非当下、目前可行的办法，是有深远意义的原则。此外还有查理大帝奖，她在获奖时，发表了她在欧洲最有分量也最重要的演讲。

默克尔四处演讲，在2008年获颁查理大帝奖时演讲，也在“欧洲讲座”演讲。但她和其他欧洲顶尖政治家一样，并未预先看到2009年秋天开始吞噬欧洲的危机。她没有分析出，缺乏共同经济政策的货币联盟会产生什么样的赤字，也从未提出有望修补欧洲弱点的计划。2009年5月，希腊公开宣誓的半年前，她在洪堡大学演讲中告诉听众的话，可视为最早的危机处理指导原则。值得注意的是，她预示性地将欧洲政治解释为内政。一年之后的国会上，除了这个议题，简直没有其他可忙的了。

这其中很重要的一点是，默克尔参阅了《基本法》：联邦德国表明，“身为统一欧洲享有平等权利的一员，愿为世界和平贡献力量”。这是德国宪法序言中的字句。3年后，当宪法法院必须判决这个主权授予是否合法时，这些字句起到了关键性作用。对于所有欧洲人而言，宪法序言中的这个注脚说明《基本法》和欧洲统一并不抵触。默克尔用一个间接说法就解释清楚了："德国一直视欧洲统一为国家利益的一部分。"又是国家利益，默克尔通常只在谈及与泛大西洋或与以色列的关系时，才会用到这个词。但欧洲的国家利益应该比任何地方都更重要，没有了欧洲，德国什么都不是。

在默克尔眼中，欧洲可以说是德国最重要的利益所在，所以她不喜欢德国被称作"出纳"，因为德国也在欧陆市场中获利甚多，不是只从共同体中取得重要的政治优势。默克尔在洪堡讲座演说时清楚地表明，欧洲现在不能再毫无限制地接纳新会员，应该先加强改善旧架构，再寻求扩张。所谓加强，绝不是只有在布鲁塞尔通过走后门的方式，拥有越来越多的权力，"单一民族国家是条约的主人"，成了默克尔在危机年中最爱说的一句话。如果有人认为欧盟尚缺乏"国家法准则"，希望赋予欧洲议会立法提案权，或者转移更多权力至布鲁塞尔，这个人就是让欧洲"很快超过其负荷、引发恐慌"。

希腊债务，考验她心中的欧洲

早在这个欧洲考验她之前，她就已经厘清了心目中的欧洲。她察觉到有人想扩张权力，于是她与这个体系进行了对抗；与缺少耐心的国家奋战，因为它们在步调不一的欧洲只顾自己往前冲。默克尔尚未弄懂这样的体系是因为：“我们应该把不愿一起努力的国家代表赶出去吗？谁来做这样的决定？这将会摧毁欧盟的整体策略。”但默克尔正在气头上，“所以，我恳请不断这样主张的人，务必深思熟虑”。三年之后，默克尔在危机苦海中挣扎之时，这个原则听起来没那么不屈不挠了。她考虑过后，也加入了步调不一的路线。2009 年，她先安排了“逃生口”以防万一：“也许我忽视了什么，但我不相信。”

此外，她还可以告诉听众一些先见之明：她不会拿出最终的欧盟架构蓝图，至少不会公开拿出来。多年前菲舍尔在洪堡以欧盟最终目标为题发表演说，提出了一个准则。如果有朝一日欧盟成熟完备了，会是什么样子？关于这个问题，外界无法从她口中套出任何目的性的争议词语，也得不到任何答案：“我不得不让您失望，因为我相信远程目标……有时候反而会使必要的下一个政治步伐变得举步维艰。”她要表达的是：总是谈目的性的人，最需要灵活、机动、变通。策略家默克尔用不着这些，每棵树单独研究比赞美整个森林更有趣。你永远都不知道，会不会哪一天在森林里迷路了。

事实上，2008 年 9 月 15 日雷曼兄弟公司破产时，危机就开始了。基民党–社民党政府在执政的最后一年，与恐怖的经济崩盘作战，必须在几星期内针对巨额的保证基金、金融援助以及刺激经济方案做出决定。到了 2009 年 10 月，危机转移阵地，进入欧元区国家的财政储蓄，到处都在增加国债，到处都有政府为了替自己解围而援助陷入困境的银行。这个月新当选的希腊总理帕潘德里欧，想趁着新人新气象，重新审理财政赤字预算，暂时听不到国内的呼声。显然很多人都没想到从雅典又传来的坏消息：财政赤字占国内生产总值 12%，而不是 6%。

各方花了几个星期来消化这则消息，12% 当然远远超过了欧盟的信贷界限，而且无从修订。除此之外，债务高得很不寻常，直接影响了公债的募资效果：国际债权人又把希腊公债的风险指数拉到不能再高。早在 12 月，希腊就是第一个被信用评级机构惠誉国际降级的国家，对希腊来说，货币变得昂贵无比。

恶性循环于是展开，没人能在短时间内有所突破，债台高筑、巨大的贷款需求、风险指数飙高，贷款因此变贵了。除非这个国家减少债务，否则不可能挣脱这条锁链。减少债务必须靠经济增长，要有源源不绝的税收，并且大幅降低薪资，也要减少社会救济、退休金和社保等支出。政府必须辞退官员，并提高税率。所有经济学家都懂得这个理论，希腊也应该完成这些任务。然而事实证明，这个任务异常艰巨，况且希腊这个国家及其政策向来以效率不高而闻名。

希腊困境，揭开欧元区的结构缺失

欧洲当然不能把希腊隔离起来，大家都知道问题会传染，恶性循环有可能使这个国家破产。这就是说，希腊可能破产，无力偿还欠款。落入这种困境的国家，通常会发行新货币，或者直接让旧货币贬值。但这些办法在希腊行不通，因为它和欧盟内其他16个国家一样，都是使用欧元付账。若任由希腊破产，在它衰落的同时，其他欧洲国家也会蒙受损失。

还有一个问题是：希腊的银行与欧洲其他银行紧密交织，外国银行大规模持有毫无价值的希腊国债。一旦突然破产，受伤的不只是希腊银行，其他国家也会爆发多米诺效应，而且后果无法估量，大概像是德国的德意志银行或商业银行垮了那么严重。破产将导致希腊脱离欧盟经济体，希腊人会把他们的欧元储备带出国境，那么这个国家不再有能力向国民支付最起码的养老金。荒凉的景象一幅幅被勾勒了出来，难民潮、骚动的人群都是有可能的。不，决不容许恶化到如此地步。

那么，在控制之下的退场，会不会是另一种选择？如果通过放弃和花钱，在协议之下将希腊逐出门户呢？这样希腊必须告别欧元，然后采用新货币，这样做在银行与经济方面存在多重风险。帕潘德里欧政府很快领悟到，他们对这样的变化一点儿兴趣也没有，而且希腊有自己的权利，没有谁能把它赶出欧元区。之前签订的条约与协议并未料到这一点，若要劳燕分飞，这场分离必定很难看，也将使欧元整体受到不可弥补的伤害。威胁到希腊的，不是这块大陆上有偿付能力的国家，反而是陷入危机的国家。之后，西班牙与意大利也让这个富人俱乐部胆战心惊。

危机的基本逻辑从来没有改变过，爱尔兰和葡萄牙也要求援助，之后西班牙和意大利陷入了极大的骚乱，这时进退维谷的处境更加明显。现在大家都懂了，原来这不只是一个国家的债务问题，而是整体欧元区存在巨大的结构缺失，不是靠金钱或者将希腊逐出门户就能够解决的。欧洲面临的也不单是货币危机而已，许多国家明显负债过多，各国的竞争力相差太大；还有，这些国家并未及时打造出预防工具，避免发生希腊那样的灾难。欧盟的债务问题，如强酸般啃蚀着欧元这种货币；灵活变通与僵化的国家之间，相互竞争有限资源；最后，欧盟还有结构性的问题，因为缺乏完善的政治机器来修补这个缺失。

市场不假修饰地把这三重危机公开示众，欧洲到处都有人责骂“这些市场”，拐弯咒骂基金经理人和贪得无厌的商人，因为他们在欠债国家付出代价的同时，仍大幅扩张生意、提高利息，趁着危机赚满荷包。

欧元朝不保夕，债务危机揭开了市场的短处：欧元区固然是一个货币区域，但也是一个竞争力落差很大的地方。这个区域因为相同的货币政策而受益，但与此同时，也因为所有国家即使能力互异，却都能在同样的条件下获得资金，而出了问题。

欧盟解体？始料未及的危机

2010 年以来的危机，让每一位国会议员、每一位清醒的公民，都免费上了一堂经济理论和货币政策的课。然而，这场危机在德国人眼中一直都很抽象。西班牙的年轻人，或者在爱尔兰拥有不动产的人，可以从50%的失业率中体会到，货币危机都是人为造成的。但德国人却必须信任他们的总理，每天晚上坐着情绪起伏的云霄飞车，一会儿是希腊人被甩出弯道，一会儿是愤慨的议员怒吼着“真是够了”！

不过大家都很清楚，确实没有简单的解决办法。2010年4月23日，希腊政府向欧盟和国际货币基金组织申请援助。默克尔也注意到，从这一天起，欧洲的任何事情都将和以往大不相同，从此时开始，所有对欧洲感觉良好的那些声音都噤声了，欧盟转换到了政治格斗的频道。如果还有人以为自己已经住在欧洲的“联合国”，那么他最好赶紧弄清楚，其实这是单一民族国家给人的一时错觉，现在已经进入了计较政治利益的阶段，而利益分界就是国家的边界。欧洲处于政治的紧急状态，领导阶层受到各种难题的考验，使这块大陆原本已经动摇的旧时偏见再度复活。假如连默克尔这样的政治人物都没有勇气把残酷的真相说出来，那么这场危机就足以摧毁欧洲联盟。只要有一个国家脱离这个货币区，就证明欧洲经受不住全球化竞争的考验，将回归过去使用多种无足轻重的货币的状态，而且老态龙钟，没有革新的力气。一场历时百年之久的和解与和平实验，反而使素以不安宁闻名的大陆再度陷入危险。对于重视历史教训的人而言，危机四起的那几个月让人非常不安。

默克尔在几个月前，也没料到危机的规模会那么大，其实谁都无法预料到。她在 2010 年 11 月于布吕赫对学生演讲时，还期望欧洲有豁然开朗的一刻，直到 2011 年年中，她才开始比较明确地谈起危机的起因和效应。这时大家恍然大悟，这场危机一再令人措手不及，频频出现各种无法预见的问题。总理府经常用一个比喻来描述这段时间："在迷雾中摸索向前。"迟迟等不到应对危机的机制，想必让默克尔这样重视条理的人感到相当忧心。这场危机就好像电池快耗尽的汽车：一再点燃化油器，发动机一再放声大鸣，汽车震了一下向前进，然后又停了下来。欧洲政界苦撑过一个又一个阶段，也一再因为方向转变、层出不穷的事件、恐怖的数据以及没完没了的讨论，而大感沮丧。货币和经济政策、危机处理与长期安全问题、内政及宪法规范的问题，在错综复杂的装置上互相牵制。投票日期、谁该下台、法定期限、磋商过程……这一切的一切，消耗掉大量时间，偏偏时间是最珍贵的财富，是默克尔在找寻支撑力量时最想要的东西。

默克尔对于各种快速的解决办法都会心存疑虑，尤其是许多外部顾问提供的建议，于是她逐渐把自己隔离开来。2008 年发生金融危机时，联邦政府完全没料到问题的严重性，令默克尔十分愕然。

默克尔身边有几位专家为她解释何谓空头、衍生性金融商品以及债务担保证券等。一天晚上她与一群顾问在一起，德意志银行总裁约瑟夫·阿克曼借用昂贵的红酒，为默克尔解释校正价值系统：如果某人的地下室里有 500 瓶红酒，每瓶值 1 000 欧元，但他却以 100 欧元的价格卖掉了其中一瓶，那么其余红酒的价格也必须跟着一起下调。

节约才给钱

这段红酒插曲让默克尔和幕僚都学到了一些东西。总理府首席经济顾问延斯·魏德曼为援助银行设置了一个特殊单位，招揽专家专门处理资本市场的问题。他是最杰出的欧洲货币政策专家，博士论文即以此为主题。若要了解默克尔的危机政策，就得认识一下这位 1968 年出生的年轻的经济学家。他俨然成为总理幕僚的范本：考虑周到、全身心投入工作、聪明过人。总理府主任小德迈齐尔说他头脑清晰，从危机中分析货币政策从一开始就是他的专属业务。唯有货币危机发生之初柏林不知所措那次，是由别人负责。

默克尔和魏德曼无论才智和性情都很像，两人都擅长分析，犹豫不决，也都生性多疑。欧洲理事会在 2010 年 5 月月初，希望用一个周末就建立起来的基金大举吸收资金，只为了尽快安抚亟待协助的希腊人。这个决定让魏德曼脊背发凉。财政部部长们于 5 月 2 日核准了 1 100 亿欧元的纾困方案，但这个金额并未打动市场。和希腊相关的投机买卖方兴未艾，这使欧元小组有了一个点子——成立欧洲金融稳定基金（European Financial Stability Facility, EFSF）。

默克尔非常抗拒这个构想，她必须好好考虑。她在 5 月 8 日前往莫斯科，参加“二战”结束 55 周年的纪念活动。退伍军人行进之时，俄罗斯和中国的同事在观礼台上不断追问这件事。这个周末之后，她同意了，但同时开出两个条件：第一，有成绩才给钱；第二，国际货币基金组织必须也搭上这条船，作为再保险。因为根据国际货币基金组织的规则，他们不会在政策上把欧洲的债务国逼到死角。有了国际货币基金组织的加入，德国才会稍微感到安全。这个保护伞能争取到更多时间，让大家可以喘息一下，有时间理解这场危机，以便努力加以补救。

默克尔必须在最初阶段与许多反对者奋战。法国总统认为，只需要准备足够的资金，市场就会平静下来。这也是多数世界经济学家的看法，他们完全不理解默克尔的节约方案。默克尔和萨科奇的关系紧绷，从一开始的肢体语言就可以看出来。萨科奇上任后进行访问，他来到了柏林——他比默克尔晚一年半当选，因此依照外交礼仪他必须来问候。他从轿车里钻出来，神情略微冷淡地走向入口。默克尔站在红地毯另一端的尽头，但这位总统不想移步走向她，他认为默克尔应该迈出第一步才对，但她没有。过了尴尬的几秒钟之后，这位客人总算跨出脚步。

默克尔和萨科奇很不合拍，彼此都看对方不太顺眼，因此大家就会特别注意，他们在 5 年之中能发展出什么样的关系。默克尔大概会坚称自己不需要改变——必须改变的当然是萨科奇，希望他变得懂得谅解他人，情绪也比较稳定。例如，有一回他造访默克尔办公室，结果谈到一半，突然起身开始打手机，让人颇为尴尬。还有一次在巴黎，萨科奇在妻子卡拉·布鲁尼的房间里吃午餐。那时正值金融危机的敏感阶段。没想到他在餐后公开表示，德国还在考虑的时候，法国已经准备采取行动了。默克尔与萨科奇公然不和，他们会在办公室里争执起来。在那些年里，默克尔的反对党越来越少挑衅，好像把她当成了萨科奇的镇静剂。这些她全都看在眼里，也觉得好玩。危机爆发的最初那几个月，萨科奇借由他的部长之手，对默克尔发动攻击，还把德国的经济实力打上造成危机主因的烙印。结果，萨科奇到了 2011 年 10 月终于接受了默克尔的危机政策教科书，甚至在自己的国家也要求全国百姓准备节约开支。

反对发行欧元公债

危机让欧洲忍受着病痛，连续发着高烧。在那段时间里，欧洲没有对抗病毒的免疫力，而且看不清还要发多少次高烧，但是医师们总算懂得分析症状了。到目前为止，危机可以分成三个阶段。第一阶段始于 2010 年 4 月，希腊渴望得到援助。那时火速协商出来的保护伞暂时阻止了国家破产。虽然 2010 年 11 月的爱尔兰、2011 年 5 月的葡萄牙也都必须延后大规模的投资计划，但希腊仍是这个阶段的中心。那时的资金流动危机看起来就像是某个国家个别的问题，似乎是因为其他三个国家的经济特性造成的。欧洲人在这时认识了美国的信用评级机构，像卡珊德拉[1]不断捎来新的坏消息，甚至自己制造坏消息。大家对信用评级机构都非常火大，而且希望能用大量资金一劳永逸地解决掉这个问题。

这样的要求主要是针对默克尔而来。这位欧元区内最大经济体的总理，引领了少数几个繁荣的国家。由于各方一再提出上述要求，于是默克尔反诘：即便发行欧元公债，也无助于脱困。这样的公债可能会让德国人的生活费变贵一点儿，但可以让希腊人稍微好过一些，至少可以从金融市场募得补助资金。默克尔的逻辑是：各国虽然使用同一货币，但经济政策各不相同，如果所有政府都以同样的理性看待辛苦挣得的等值金钱，并加以管控，欧元公债才会有意义。更重要的是，各项欧洲条约中，明文禁止国与国之间相互供给资金，即使各国想这么做也不行。

德国联邦宪法法院和国会把默克尔推上火线，让她觉得自己所属的党简直是在赶鸭子上架。此外，执政联盟能否继续维持，也是个问题，因为自民党也为了危机的解决办法而产生分裂，必须先探询党员的同意，才能推动保护伞的形成。还有位于卡尔斯鲁厄的最高法院，吹毛求疵、咬文嚼字地盯着国家主权，好像政府会因为预算而剥夺国会的威信，而国家主权势必荡然无存。

默克尔很早就表明，她只有在两个条件都符合的情况下，才不会再反对保护伞并且支持希腊的政策：改革才有钱拿，所有成员国都要签

① 卡珊德拉指希腊神话中不被听信的女先知，此处用来比喻一种风险类型：介于形成与开始损坏之间的一段极长的时间，如气候变迁。——译者注

订新约。这是她首先产生的认知：欠债国家必须解决它们停滞不前的改革，必须让经济步上轨道，培养出竞争力。唯有如此，他们才能挣脱债务的天罗地网。还有一层认知是，只有完全排除重蹈覆辙的可能性，最好还能通过签约的约束力量，默克尔才能证明她的协助有效。

一场系统性危机

默克尔要为自己的计划找一位重要的结盟伙伴，她发觉法国总统萨科奇很适合。2010 年 10 月，萨科奇与默克尔沿着法国的多维尔海滩散步，协调好下一步要怎么走：仅仅提供保护伞还不够，必须有一个多金、足堪信赖的长期结构。而且，只有各国的稳定机制有所改善，也加载到条约之中，才会提供这项保护。默克尔有一项重要要求没能通过：她希望在制裁项目中，针对破坏条约的国家制定几条严厉的惩罚措施，最好能取消其投票权。萨科奇在多维尔海滩上对这个主意表示赞成，但在政府领导人的高峰会议前夕，他又收回了。真要取消民主权利，未免太过分了些。

这次失利，加上默克尔在各方面都迟迟不决的态度，为她带来各种各样的称号："欧陆的撒切尔夫人"、"俾斯麦第二"、"欧洲的严师"。她在《福布斯》全球最具影响力人士排行榜升到第四位，与德国教皇并列。至于在最具影响力女性排行榜上，她同样位居第四，紧跟在米歇尔·奥巴马之后。2011 年 3 月，财政部部长们终于同意稳定机制的具体改革要求，永久性的保护伞“欧洲稳定机制”（European Stability Mechanism, ESM）也呼之欲出。当时默克尔成为世界上最被痛恨、最不为人理解的政治人物，但更糟的还在后头。

这场危机的第二阶段始于 2011 年夏天，一个默克尔没有太多时间去海滩散步的夏天。现在，那栋房子陷入一片火海之中，希腊再次处于无力偿付的边缘，各方要求涌进默克尔的耳朵。德国与法国正为 7 月 21 日于布鲁塞尔举行的峰会做准备。顾问们先在巴黎会面，然后萨科奇在峰会前一晚飞往柏林，欧洲央行总裁特理谢也被要求务必立刻赶到，由政府专机到法兰克福接特理谢。总理府彻夜进行鏖战，尤其是私人债权人可否贡献一己之力，援助国家，更让萨科奇深表怀疑。

领袖们再次决议，必须扩充 2010 年 4 月制定的援助法案，再追加 1 009 亿欧元。私人债权人被要求到银行柜台以较低价格把他们的国债换成欧洲公债。这段日子的情势变化让首批被列入援助希腊的私人投资者都开始主张自己的权利，对欧盟的不信任则持续扩大。7 月，西班牙与意大利的国债升息；8 月，欧洲央行认为必须大量购回这两国的债券，以减轻市场压力。但是调停在短短几天之内便宣告失败，这再也不是个别国家的问题，现在事关整个欧元区，事关货币结构。专家发出的信息一清二楚，欧元不能再这样下去，共同货币也需要共同的经济政策。到了这时，债务危机已经演变成一场系统性危机。

节制招致不满，对欧洲失望

过了三个月，灾难连连的半年达到了高潮，又是希腊，又是迫在眉睫的炉心熔毁危机，各国又在没完没了地协商改革要求，把短期贷款改为长期贷款。默克尔无视他人的批评，坚守自己的基本原则：有成绩才给钱。但是越来越多人认为，投注给希腊以防止崩溃的资金，无论投入多少都不够。因此，在开了三次节约开支和改革的会议之后，默克尔打算让希腊实施债务交换，将债务从国内生产总值的160%降至120%。这是一次很辛苦的行动，他们为此立即在布鲁塞尔召开双边峰会，不过中间休息了几天，因为德国必须召开国会。在那段闹哄哄的日子里，萨科奇总统错过了女儿的诞生，他妻子被送进产房时，他正在法兰克福歌剧院开那场重要的会议。

默克尔深受各种烦恼的折磨，对于德国国会是否会通过她的方案，她不再有十足把握。除此之外，宪法法院才气呼呼地为援助希腊的方案绑上了严苛的义务。支持默克尔的人不多，在人数不断增加的多数阵营看来，她是解决希腊债务问题的唯一障碍，因为她不愿正视问题，她的节约方案只会让那个国家窒息。问题就在于：没有人能提出更好的解决办法，也没有人能拿出足够可靠的计划来和她的逻辑抗衡。大家一致同意，送钱固然换来了时间，但还是无法解决竞争力以及改革等基本问题。

对于这个没有希望的悲惨局面，德国人的反应产生了分歧：有 2/3 的国民认为节约方案太过严苛，他们很同情希腊人。同时，多数人也同意，这时大可把希腊请出去。怒火延伸到默克尔身上，针对她的援助政策所做的民调，支持比例创了 2011 年秋天以来的新低。她在 10 月 26 日于国会发表的政府声明中有感而发地呼吁：“欧元若是垮了，欧洲也就完了。”她借此引起了德国人的注意，欧洲正在处理欧盟成立以来最严峻的一场考验，而德国人却不一定能感受到。一场全面开火的激辩于是展开，欧洲真的快完了吗？默克尔会不会言过其实？没有欧元，欧洲是否照样可以运作良好？激情争辩之余，没有人留意到默克尔先前就已经在同样的地方，讲过同样的话——就在一年半之前的 2010 年 5 月，她第一次调整希腊方案。

在当时，默克尔对欧洲实在太失望了，这种心情一直持续到 2012 年。她没料到，自己的危机应对方案竟会引起这么大的不满。她说自己怒火中烧，每当她一次又一次向各国政府领导人解释，为何欧盟公债无法遏止危机时，结果反而导致火上浇油——因为它无法营造出平等的竞争力，而且这样一来，南欧的生活要靠德国及北欧的生产力来提供资金，没有哪个国家可以撑得下去。为了具体说明她的论点，默克尔随身携带图表，在彩色的曲线图上，每个欧洲国家的薪资成本或负债一目了然。这些曲线图还能让人清楚看出，欧洲 10 年来推动了哪些欧元平等主义——虽然欧元区各国各自筑起了如山一般高的债台，或者这些国家的经济实力迥然不同。

萨科奇公开支持，德法通力合作

默克尔也经常以东欧人的眼光来观察这场危机。她曾经历过一个体制的崩溃，很希望欧洲能避免类似的经历。她总能在中欧以及巴尔干半岛的政府领导人之中，找到志同道合者。他们全都曾经坠落深渊，也都对南欧人越发恼火，因为他们的生活水平已经很高了，却仍怨天尤人。到了2011年，欧洲才堕落为一群只顾自己国家利益的人的聚集之地，那时只有理想主义者还会对这个共同体感兴趣。

11月月初，二十国集团领导人峰会在戛纳举行，默克尔感到特别寂寥，欧盟的10月峰会才把希腊的短期贷款改为长期贷款，欧洲金融稳定基金重新扩张，政府领导人正在讨论“财政协议”，因为他们希望最晚能在12月开始会谈。这是个极为重要的政治信号，因为终于要有一个具法律约束力的平衡预算修正案要列入所有欧元区成员国的宪法之中。法国总统希望能授予保护伞银行牌照，却遭到默克尔的严正拒绝，这个要求过头了，又是想借各国国会实行控制的计谋。接下来希腊总理让他的同事们大吃一惊，因为他不打算轻易接受将短期贷款改为长期贷款，以及手段激烈的节约方案，而是突然要交由希腊人民以公投来决定。若果真如此，结果一定是被拒绝。

默克尔勃然大怒，法国总统萨科奇也勃然大怒，帕潘德里欧忙着让一切努力都化成泡影。此时，20 个工业国和新兴工业国家集团会面，默克尔惊恐地发现，谈判桌上正讨论着一个新计划，以便筹措更多钱支持危机国：国际货币基金组织需要有新的资金，这样各国央行才能抵押黄金储备。这让德国目瞪口呆，因为黄金非常神圣，甚至有法律规定不准动它一下，但光有这个计划也就够了。默克尔是这个圈子里唯一被排除在外的人，但即使周遭满是诱惑，她也必须坚持下去。联邦银行对这个特别提款权不予回应，她也对圆桌会议的各国政府领导人穷追猛打。后来，美国总统奥巴马终于想通了，慢慢让各方批评力量退场。从戛纳回来的飞机上，默克尔平和地对记者说，在这场危机中，我们总有一次要劝别人接受自己的观点。

这个不愉快的秋天其实也带来了两项成就：从现在起，萨科奇公开支持德国的援助法案，德法通力合作，其他欧盟成员国也不得不加入；欧盟 12 月举行峰会，决定把默克尔最新的方案加以调整，使之更为完备。终于，财政协议出炉了，这份包罗万象的协议要求各国必须自行负责财政事务。

此外，默克尔还不动声色地得到两场胜利。意大利的贝卢斯科尼因为压力太大而下台，这位总理无法再说服他的联合政府实施改革政策。默克尔一定很高兴，像贝卢斯科尼这样自鸣得意的政治人物，她避之唯恐不及。他一向不理睬她的援助逻辑，也让旗下报纸对“默克尔的第三帝国”发动连环攻击。此外，这位骑士[①]还在电话中用不堪入耳的话谩骂默克尔，这通电话遭到窃听，至于内容就不便引述了。马里奥·蒙蒂在所有政党的一致同意下接管政府，4 个星期内便改弦更张，转向对国家有利的市场。西班牙在此同时举行选举，让不爱改革的首相萨帕特罗告老还乡，新任首相是保守的拉霍伊，默克尔一开始对他颇为期待。因此，一共有 7 个欧洲政府因危机压力而让步，差不多有一半的欧元区国家在此困境当头换了领导人。

默克尔被指责为灾难元凶

但默克尔也必须承担两个严重的错误，其后果则要到半年之后才浮出水面。第一个错误是，她与萨科奇联手阻止希腊公投，甚至威胁消沉的帕潘德里欧，希腊说不定会被逐出欧元区。她从不曾把希腊的问题讲得这么直白，之前没有，以后也绝不会。这使得帕潘德里欧终于屈从，收回他的计划并且辞职下台。结果，希腊堆积如山的内政问题，竟怪罪到默克尔头上。雅典的过渡时期政府以及两次选举，共延宕了半年之久。

第二个错误影响深远，使得中了危机病毒的欧元区因为默克尔这个

① 意大利媒体封给贝卢斯科尼的绰号，因他在 1977 年荣获骑士勋章。——译者注

错误让病毒传染得更快。默克尔说服了共同体，为希腊免除债务时，私人债权人必须也有份。这给了投资人明确且严厉的信息：如果你们把钱交给我们管，那么我们可没把握一定会还钱。在此之前，买国债几乎没有风险，尤其是欧元区的国债。私人债权人参与免除债务的决定，直接影响了消费者的行为，这下子没人想持有意大利与西班牙的国债了。

还有一个坏消息让欧洲更加烦恼：英国与捷克无意签署财政协议，卡梅伦在下议院的保守派多数不愿意通过新的欧洲协议。根据规定，即使所有欧元区国家都赞成，仍不能自动将其并入已经签订的欧洲条约中（如果可以就好办了），必须由国家与国家直接缔约。

默克尔一步步施行她的策略，下一步就是 2012 年 1 月 31 日的峰会，各国领导人将在这场会议中签署财政协议。21 日后，早就计划好的第二个希腊援助法案拍板定案，金额高达 1 300 亿欧元，并将短期贷款改为长期贷款。那么，希腊终于拿到足够的资金，可以凭一已之力重新振作起来了吗？费了这么多力气和心血之后，好像还挺有希望的。但危机的第二阶段尚未完全结束，希腊选举以失败收场，迎来一个迟迟未解决的问题：少了拥有运作能力的政府，社会将不得安宁。更严重的是，西班牙的紧绷气氛有增无减。罗马和马德里政府尽管靠自己的力量努力改革，但在资金市场上没啥斩获。西班牙应该努力寻求解决办法，挽救受到冲击的银行，并处理他们拖欠的 600 多亿贷款；意大利的改革家蒙蒂露出马脚，原来他做事瞻前顾后，对提振就业市场失去了信心。

在这个当口，默克尔自己成了危机的问题。危机国民众认为，就是她导致灾难蔓延。她的相片被挂在旗子上，上头画着纳粹的标志；还有人说她是“施虐的卖淫女子”、“巫婆”、“面目可憎的恶婆”。接着又有人讽刺说，第三帝国或第四帝国出现了，而她正在推动一项秘密计划，要使欧洲大陆臣服在她之下。还有人批评默克尔是最夸张、胡思乱想的谋反者。在种种批评之下，危机本身倒是被彻底忽略了。欧洲人的国家偏见卷土重来，事实证明，忘掉仇恨要花上几十年，让它重新苏醒却只需要短短几星期。

Angela
Merkel
Die Kanzlerin
und ihre Welt

第 12 章

欧债危机（下）

逐步推动她的新欧洲

2012年夏天，默克尔去罗马参加政府协商，此举被视为是支持蒙蒂，用意良善。但民众对这位大权在握的总理却有完全不同的看法，甚至有位女记者当面称她是“欧洲女皇”，默克尔把这个问题掩饰过去了。之后不久，她准备出访深陷危机的西班牙、希腊以及葡萄牙，在雅典城内必须受一队警察保护，其阵仗如同美国总统来访。有一位幕僚当时也在场，同时也参加了其他协商会议，他很无奈地说：他们不懂什么是全球化。

6月29日早晨5点左右，第二阶段结束之际，默克尔画出了危机迫在眉睫的图像。又是一场在布鲁塞尔举行的高级峰会，又得在比利时首都待上两天。默克尔不喜欢在旅馆过夜，最好都能在柏林的家中就寝，因此幕僚安排行程时，会尽量让她少在外地过夜。柏林以外的晚上行程大多早早结束，以便总理能在深夜抵达柏林机场。但这在高峰会议期间就不太可能了，峰会是为晚上活跃的人而设计的活动，必须彻夜商讨，这已经成为一种仪式。

6 月 29 日的峰会有一个不寻常之处。这次和西班牙的银行债务、意大利人的烦恼有关，他们可能也需要保护伞的钱，但又不想屈就于改革制度。意大利总理率先发言，他希望能冲破“精神封锁”，也就是种种严格的规定，譬如德国提供资金给爱尔兰、葡萄牙或希腊时所实施的那些规定。若是各国不同意，蒙蒂威胁要让峰会流产。他的盘算是，意大利如果反对新的增长协议（European Growth Pact），峰会就会因为没有结果而宣告结束，这等于给默克尔出了难题。因为在峰会隔天，默克尔还得面对让人高度紧张的国会。德国国会首先盼望夏季休会期的来临，其次要表决常设的保护伞，也就是欧洲稳定机制及财政协议。社民党原则上跟她同一阵线，但他们也希望蒙蒂扬言抵制的增长协议能够获得通过。少了增长协议，社民党人将不会赞成其他法案。蒙蒂充分利用了这个圈套。

谈判一直进行到清晨 4 点 20 分，公报只有区区两页，通篇都是蒙蒂的诠释。默克尔已经在回旅馆的路上，心想至少还能睡几小时。此时蒙蒂却站在摄影机前，有两桩事让他喜上眉梢，一是意大利国家足球队在前晚欧洲杯的半决赛中战胜德国队，二是他战胜了默克尔。德国屈服了，银行将直接获得援助，意大利现在可以轻轻松松地享用援助大餐了。

意大利得逞

这可是轰动的大新闻，坚毅而节俭的女总理显然大受打击。通讯社发布号外，蒙蒂的诠释与公报并不完全一致，公报里还有几个其他协议。首先要为欧洲设立统一的银行监督机制，才能依据共同原则控制那些金库。有了监督机制之后，银行才能在严格的条件之下，提领援助基金里的钱。外界的诠释是，一切都还需要时间，因为银行的监督机制不可能在一夜之间就建立起来。而德国的解读更广泛：即使真有银行监督机制，西班牙的银行也不能随便推诿自己的问题。协议不溯及既往，只适用于未来的问题。此外，公报中并没有清楚地表明，意大利人希望尽快从援助大餐中拿到钱，只是简单说明到目前为止的援助必须符合特定规定，而各国必须通过谈判完成签订程序。

默克尔 9 点离开旅馆，一位路透社的摄影师已经在等着她。他按下快门，打算用作第二天表明默克尔失败的照片。默克尔心情郁闷、两眼空洞，疲惫不堪地从车后座的窗户望出去，漫漫长夜让她有了黑眼圈。大家看到的是一位遭受打击的女总理，就是蒙蒂形容的那样。起床后，默克尔想到，这会造成多么严重的政治灾难。国会正等着她，获得多数支持的欧洲稳定机制和财政协议，如今却遭遇危机。这让默克尔很不高兴，因为各国政府领导人事前都同意，不应对此事表达个人诠释，结果蒙蒂破坏规则，首先站到摄影机前大放厥词。在返回柏林的飞机上，气氛很紧绷，总理府收到国会传来的消息，国会议员们忙着上网搜寻峰会的各种相关分析，比方说《明镜周刊》网络版写的是“默克尔失败的这个夜晚”。

默克尔要花很大的力气，才能把峰会的结果向国会说得一清二楚。她对每一位党团代表一一解释，展开激烈的政府声明，但最后她自己的联盟仍然少了26票。政府无力靠自己的力量掌握到多数，之所以能够通过法案，要感谢社民党和绿党。默克尔的失利反倒使得市场平静了下来。市场推测，援助者的金库不会像从前那般严密看管着，让大家都松了一口气。在竞相争取公众注意和赞成票的过程中，事实本身不再重要，一切都由感觉决定。

又过了一个月，7月26日，欧洲央行总裁马里奥·德拉吉出席伦敦的全球投资会议，向与会的财政共同体保证：“欧洲央行将尽全力保住欧元。”他又补充说：“资金绝对够用。”台下的人纷纷愉悦地交头接耳，“尽全力”，这可是大家朝思暮想的神奇武器巴祖卡[①]，是不是只要武器足够强大，就能吓住投机分子？倒也不尽然，巴祖卡的扳机有个保险装置。9月6日，联邦银行总裁对外公开宣称，要针对危机国拟订购买国债计划，结果遭到欧洲央行理事会的一致反对——当然必须有附带条件：这些国家必须遵守节约规定。

---

① 巴祖卡指肩扛式火箭发射器，有“坦克杀手”之称。——译者注

着手改造欧洲

危机过去了吗？至少国际货币基金组织总裁克里斯蒂娜·拉加德不这么想，她在 5 月间才给了欧元 3 个月的生命；至少国际炒家索罗斯予以驳斥，并预言欧元会在 9 月 2 日崩溃；至少国债的风险指数一时间降了下去；至少希腊的监督人有时间针对调整节约计划跟当局政府好好辩论几个月。眼看马上就有一个国家要破产，欧洲将组成一个银行联盟，相当程度安抚了市场，因此压力暂时不会再纠缠着西班牙。但默克尔从一开始就说过的一句话，自始至终都有效：如果没有欧洲公债，就不会把债务一体化，因为这样不仅不符合条约精神，也不符合拯救方案的逻辑。若要获得解决办法，就必须付出代价；想要成长，就必须制定出正确的结构。默克尔的新欧洲必须把旧欧洲的缺失一次全部改正，但这急需几次迅速有效的结构改革，欧洲需要一种特殊的改造。这是一桩政治任务，于是默克尔决定要慎重进行，欧洲事件的第三阶段于是开始。

2009 年，默克尔展开第二个总理任期之际，政府高层极为慎重。《里斯本条约》已签订，欧盟在这期间增加至 27 个成员国，终于有了新的机制。布鲁塞尔弥漫着藏不住的热情，具有高度可塑性的欧洲新纪元即将展开。柏林的看法则是，不会再有那么讨厌又麻烦的任期了。结果他们猜错了，从希腊的数据来看，仅凭布鲁塞尔还是帮不上忙。就算欧盟要介入处理危机，相关机构既没有实权，又没有钱，病毒已经侵入这个国家的五脏六腑，而那些器官却不属于共同体所有，因此无法由布鲁塞尔控管。欧洲的单一民族国家重新诞生。在德国上演了好几个月的讨论，讨论主题是欧洲的联合国以及新的欧洲超级强国。但即使如此，危机却依旧往大家不乐见的方向发展。

欧盟执委会主席巴罗索希望在2009年12月制定出一个公约，证明执委会具有执行能力，但他真的没有太多资金可以提供。事实上，在接下来的几年内，这位执委会主席尝到顿失地位的滋味。他是默克尔提拔起来的，在欠债这出戏中沦为配角，每当他担纲主角时，都只有负面意义。

2011年夏天，各国政府领导人决定要为希腊扩大援助法案，并让市场平静下来。主席派人告知，援助金额还是不足，结果市场即刻反应，所有的好心情马上化为乌有，让默克尔情绪为之激动。一年后，欧盟要4个欧洲重要机构的主席——欧盟执委会主席、欧盟理事会主席、欧元集团主席、欧洲央行总裁，向共同体提出一份大规模的改革计划。谁都知道这是一桩要命的差事，这项任务只会让自己不受欢迎。巴罗索允诺2014年年初会有结果出来，但这个想法马上被人识破，因为他再过3个月就任满了。巴罗索野心勃勃，不希望自己受伤害，祖国葡萄牙的总理府正在向他招手。到这个时候，默克尔和这位主席早就没什么话可说了。

但这也是一个各国政府领导人独有的大好时机，让人想起德国在不到两年前，神奇地从金融危机中复苏。这就是欧洲金融稳定基金、欧洲稳定机制的模范——国家工具，到最后都与国家财政有关。共同体成员中最强的德国，是这个利益的中心点，而总理则被视为关键人物。各项经济指标的好转和低失业率，让其他政府领导人被比了下去。所有国家突然都仿效起柏林，一位在总理府见识到这些场面的人说："从某个时候开始，我们就再也不去布鲁塞尔了，反而是他们都来到了柏林。"

激昂的演说不是她的风格

2010 年 11 月，默克尔前往布吕赫的欧洲讲座。在那个如巨大氧气筒的建筑里庆祝爱因斯坦年。那时她口袋里装了一则布鲁塞尔听了不会太高兴的信息：欧洲超级强国的时代已成过去。默克尔回忆，签订《里斯本条约》实在太过辛苦，"我们每一位都再也不会草率订约"。她还下了一个严厉的结论：要再花 10 年更改条约吗？"欧洲如果还是这样，将在全球市场上和世界所有国家中失去其竞争力。"

默克尔小心翼翼地出招，但这则信息不难理解：执委会和国会装模作样扮演欧洲规范的守护者，这令她厌烦。她甚至能够察觉到，布鲁塞尔的精英们在个别国家面前流露出一副自命不凡的样子。这种自命不凡使其认为执委会应有权力起草各种政策，因为欧洲精神真正的守护者就在布鲁塞尔，而各国政府领导人的集会仿佛是在跟欧盟相互竞争。

这种观点让默克尔深感困扰，因此在留念册中为学生们写下这样一句："成员国是欧盟的一部分，而非它的敌人。"如果还有人听不懂这句话的意思，默克尔还可以告诉他们权力分配的原则："《里斯本条约》说明，成员国是条约的主人。"默克尔提醒说，"在共同体职权范围之外的地方，也不可以拿共同体办法来做实验"。意思是说：在援助欧洲这件事上，布鲁塞尔并没有损失。默克尔在危机发生之时，很早就明白了一点，除非执委会的共同体办法能在这场金融与财政危机中一起发挥作用，否则她没有兴趣启动复杂又耗时的缔约程序。

2010 年 11 月，明白拒绝布鲁塞尔的声音被各种喧哗意见掩盖住了，但默克尔的想法没有改变：她说只要是自己心里真正想的事情，即使要花上好几年，她也要贯彻自己的意志。默克尔在布吕赫的演讲也说明了她为何不太接受劳工部部长乌尔苏拉·冯·德莱恩的建议。德莱恩在危机中期，就开始大谈欧洲的联合国，默克尔并不想跟他辩论是否应该转让更多权力给欧盟。她密切观察着德国的气氛，而她的感觉告诉她，还是要小心为上，可不能再多来几个布鲁塞尔。

8 000 万德国人对欧洲问题十分有耐心，德国仍旧远离危机，反欧洲的民粹主义早已成为禁忌，但随时都可能复活。默克尔知道，德国民众还是可能在短时间内在自己的土地上、自己的家中感受到危机；她也知道，要是市场崩溃，波及养老金，失业人口增加，速度也会非常快。万一这一切真的发生，她将不再受人民欢迎，不再被信任。所以，她在内部开会时总是说，她最重要的任务就是传播谨慎、正向的思考，并且怀抱希望——即使危机仍步步紧逼，让人失眠、让人担心，民众还是希望在她身上看到这些。

当默克尔 6 月从峰会赶回柏林参加国会辩论时，她其实还不确定这一天会不会以灾难收尾。这个星期五，她的欧洲政策顾问兰德鲁特就坐在政府成员席位后的官员席上，不过几乎没人看见他。此时，默克尔似乎很希望自己信得过的人能在一旁支持。

原则上，她在危机期间可以不参加这场国会的辩论，她的援助方案已获得所有党团代表支持，唯独左派党例外。有 4 年时间，她在社民党的协助下治理国家，她应该谢天谢地。第一次金融危机时，彼此的互信增加了，现在问题则变质为持续性的货币危机，使得信任有些动摇。默克尔强调，一定要把最后的谈判结果告知反对党，每一次都要，这样社民党才会显露出一种政治家的责任感。如果不这么做，默克尔则永远没把握能在国会获得多数支持，尤其是在 2012 年 6 月 29 日这天。

默克尔时不时遭人指责，说她演讲的气势不够雷霆万钧，认为她应该一五一十地说明欧洲出了什么状况，而且最好发表电视演说，让老百姓了解这出大戏的内容。默克尔认为这不是个好主意。在 2006 年，当时的社民党主席普拉策克给她看了一份研究报告，可以看出人对于过多信息有哪些反应。这个研究针对一个团体，询问他们对大规模改革的意见（如提高增值税、医疗费用或 67 岁以后退休的养老金等），受访者态度多半很负面。接下来，研究人员密集向受访者说明相关内容，还附上说明及数据，然后再次投票，结果对政府更加不利。大家认为改革太复杂也太啰唆，于是产生一种终究一事无成的感觉。

默克尔记住了，从此只爱谈她为什么做这做那，至于怎么做、如何实施的细节，她就不会多谈。激荡人心的演说不符合她的个性，默克尔知道自己不是一个天才演说家，而且她那种以事实为依据的冷静风格也挑不起激昂的情绪。而且，总理府的人说，发表电视演说并不符合默克尔的行事风格。默克尔的办法是，先与最密切的亲信来一场平静的辩论，有条理地看清问题，将问题细分，然后找出解决方法。如果最后一切顺利，默克尔就会很开心，但假如其中一部分效果不好，也没人会留意到。就算默克尔预见方案将大有斩获，她的措辞也始终都很节制。此外，她也不太相信那些浮夸的言辞，她的人生经验教会她，只有在很罕见的情况下，才能用铿锵有力的话语为伟大的作为做总结，而一场电视演说并不会带来解决办法。她的一位幕僚说："不会出现一个新默克尔，这个古怪的人不会再改变了。"

总理府的外交男孩团队

常有人开玩笑说，默克尔生涯中的每一个阶段，她身边总有年轻、努力往上爬的男士，即她的"男孩团队"。这么说也不完全错，默克尔当反对党主席时，带领了一个对外交有浓厚兴趣的年轻议员团队，其中很多位在日后坐上了部长的位置，或者担任了国务秘书。默克尔在总理府内，组成了另一种风格的男孩团队：年轻、忠诚、聪明过人又勤劳，而且绝对不爱出风头，尽量避免亮相，和默克尔一样，喜欢就事论事思考事情。老谋深算的布局不是他们的专长，默克尔也不这样做事。他们和总理一样，都相信要一小步一小步，通过开会达成协议以及和解，也都很懂得控制出手的力度。

政府发言人威廉是这个团队中知名度最高的。在最初的四年半中，威廉代表默克尔面对大众，直到他离开总理府，转任巴伐利亚广播公司的经理。除了负责面对大众，威廉也是各项关键政策的重要顾问。他对外交兴趣浓厚，默克尔几乎少不了他，所以他的影响力十分惊人。他还有一种不容小觑的能力，就是当默克尔的家教——他就像是联邦德国社会发展、战后历史的活字典。在总理的幕僚之中，若要论对过往了如指掌，谁也比不上他。威廉这个人很安静，有说服力，工作起来像着了魔似的，也很有谋略。他在施托伊贝尔阵营练就了这些本事，有人说他长得像罗伯特·雷德福，这对他倒是没坏处。在首都记者们的眼中，他是一位诚实可靠的调停者，他的老板也因为有了他，魅力大大加分。

威廉的继任者斯特芬·赛贝特在总理府工作的时间虽然一样长，但没有办法获得相同的发挥空间。默克尔变得独当一面，她的步伐飞快，幕僚团失去了作用，重要性也大不如前。发言人大部分时间和默克尔在一起，已成惯例。2012年6月清晨，蒙蒂在布鲁塞尔峰会出招打击默克尔之后，她对赛贝特展现出力挺的态度，赛贝特没有因为未能清楚说明会议结果，而遭受惩处。虽然柏林大发雷霆，急着找替罪羊，但破坏游戏规则的是蒙蒂，不是发言人。他从中学到的唯一教训就是：我们现在也要一天到晚开记者会，而且要在清晨5点20分开。

默克尔力挺的态度强化了幕僚们的革命情感，这些都是她最信得过、以“你”相称的人。总理府内各部门主管，都有大老板的手机号码——周末如果有事，她自己也会打电话或传短信给他们。默克尔不难相处，但要求下属勤奋、聪明、任劳任怨。如果她需要专业意见，她也不准基层的小组长或负责人来报告。基于信息安全的顾虑，她不写电子邮件，也不用计算机，只会用iPad，她用它来查看新闻、股市行情，以及视频新闻。默克尔不写日记，想了解她的政治生活，就必须去看记载得事无巨细的行程，那是她行使权力最重要的工具。

第二任期的核心圈子

假使没有这些幕僚，默克尔就不可能完成任期中最艰难的任务。在第二个总理任期内，掌握和操作这个问题的顶多有10个人。默克尔会与这些人一起关在他们自己最隐秘的堡垒内部，听不到外部顾问的意见，只相信她的直觉、她的洞察力以及忠贞追随者的建议。总理府内的运作与卡斯纳牧师家如出一辙，外人渗透不进来，而内部的人则要具备好胜心与万丈雄心。

办公室主任鲍曼是这个宇宙内的关键人物，与她并列的是默克尔“女孩营”的第二号人物——埃娃·克里斯琴森。由克里斯琴森、鲍曼以及默克尔形成的玫瑰金三角，其牢固与效率毋庸置疑。克里斯琴森生于 1970 年，自 1998 年起为默克尔做事，担任发言人。结果总理任期才展开，她就请了产假，让柏林的小世界吃了一惊。她在 2007 年又回来了，理所当然继续她原先的工作。不仅如此，克里斯琴森除了是专职的媒体负责人之外，还接管了政策规划与草拟原则性讲稿的职务。克里斯琴森是默克尔一开始就很信赖的幕僚，属于最核心的圈子，什么都知道，但什么都不说。她必须做好政治判断，正确感受到大众的情绪，并且在正确的时刻，恰到好处地自我克制。这点只有少数几个人明白，因为克里斯琴森就像所有实际拥有权力的人一样，都是默克尔“沉默教会”的成员。

财政部部长魏德曼在担任联邦银行总裁的高位之前，是欧债危机小组中负责分析、拿主意的好手。每次他或欧元顾问被叫到 7 楼的总理办公室参加讨论，都一定跟危机中的重大作为有关：例如 2010 年夏末的欧洲稳定机制，以及后来的财政协议等。在经济委员会中，除了财政部的国务秘书之外，约尔格·阿斯穆森也被纳入其中。阿斯穆森和魏德曼是大学同学，两人都是联邦银行总裁韦伯的学生。默克尔很尊重他，带他出席白宫的国宴，他的身份是联邦政府的宾客。默克尔其实不必这么做，因为朔伊布勒部长也和他们同行。在飞机上，阿斯穆森与戈特沙尔克坐在一起，两人一见如故，非常投契。2012 年年初，阿斯穆森离开了柏林，前往欧洲央行任职，并晋升至理事会。他和魏德曼一样，仍旧非正式地为默克尔提供建议。

危机处理小组的要员中，当然少不了外交部的霍伊斯根，还有欧洲司司长科尔皮欧斯。他领导欧洲团队直至 2011 年夏天，继任的兰德鲁特也是要员之一。科尔皮欧斯在总理的第一个任期就已经是首席顾问，主导过《里斯本条约》的谈判，修改过《柏林宣言》。常年代理他的兰德鲁特也在 2011 年正式接任。他是来自外交部的外交官，职业生涯历经了欧盟以及各项条约草案。兰德鲁特还是欧盟结构与组织专家，论起对条约的熟悉程度，无人能出其右。而且，他跟默克尔所有的幕僚一样，是百分之百的亲法人士。

找出欧盟问题的结构

在 2011 年夏天危机到达顶峰的时刻，默克尔急切地希望自己能够从被动转为主动，于是兰德鲁特接下了欧洲司司长一职。2011 年夏天，所有人都忙着找出危机的起因。直到这个时候，把德国强制节约方案当成灾难的声音才慢慢消退。各方拼命提出各种解决办法，一会儿要发行欧元公债，一会儿又要发行共同债券基金。此时的欧洲面临着赤字问题、竞争问题，以及结构性问题。专家们说，还有管理上的问题。

这些问题的处方是：对于陷入困境的国家，必须直接予以援助，所以欧盟制订出了援助方案。为了提高竞争力，这些国家必须改革，并且有具体的改革要求。此外，欧洲必须排除结构性错误，以避免悲剧重演。但要如何排除？ 2011 年夏天，危机突变为整个欧元区的问题，人们这才了解到，问题并不在于希腊或葡萄牙，而是整个欧元区出现了严重的监管漏洞。

默克尔在这时请她的属下想办法，让这场危机偃旗息鼓。她必须做出政治性的响应，因为这涉及的毕竟是政治问题。如果政治只会带着市场资金追着市场跑，将永远无法超越。这时起码已经有一个决策，为大家指点出方向：财政协议将条约规定的义务，修改成更完善的财政管理。但这还不够，默克尔希望去处理真正的感染源。各种分析更加坚定了她的想法，欧洲必须要做到根本性的调整，必须形成新的机制，因为唯有最大规模的改革，才能结束欧盟成立以来发生的这场最大的危机。

兰德鲁特利用 2011 年夏天去法国度假的机会，逃离箭在弦上的危机气氛，写下了一些笔记。他理解了问题背后的系统组织，然后把欧洲的政治赤字简化成几个圆圈和几条线的图示，画在一张白纸上。这幅图很像坐标图：有纵轴，也有横轴，左边是各个成员国，右边是欧盟。横轴上方写着没有发生问题的地区，横轴下方则是那些“问题儿童”。

从这幅图可以清楚地看出，右上方欧盟所在的位置大致都没有问题，法律、内陆市场、竞争、环保，横轴上方的所有项目都在安全范围。在图的左边，其中一半的单一民族国家看来却很令人气馁，看得出问题就是从这儿发生的，所有引爆货币危机的议题以及在欧洲缺乏竞争力的原因统统源于这里：劳工法、税收法、财政、社会系统，全部在横轴的下方。这张简图传达的信息是：若是控制不住单一民族国家引发危机的原因，也就无法掌控货币危机。欧洲需要妥善管理经济、共同的财政政策、适宜的税收制度，以及可供比较的标准。这些政策议题必须靠整个欧洲共同处理。

欧洲大计：欧盟内的结盟

仔细端详这张图，可以看出有两个选择，而这也是这张图要告诉默克尔的信息，第一个选择是，把左下方的危机议题挪放到右上方——由欧盟管辖机构来主导，个别国家则交出它们的赋税权、经济主导权、财政权，形成货真价实的欧洲联合国；第二个选择是，保留各个国家的权力，使其往这个轴的上方移动。

默克尔的选择是：可以为一体化决定路线，把所有权力移转至布鲁塞尔。或者，她也可以思考新的方法，由政府与政府共同商议、缔结条约，约定如何共同思考问题的解决方式，形成欧盟内的结盟，一个由欧盟和国家建构出的新组合。

默克尔问自己一个简单的问题来做决定：哪条路线的结果会比较好？答案是，如果各国愿意相互配合并接受控管，那么结果会比较理想。她手边有一些重要论据，她特别在意人民的感受，想要迅速为民众构建出社会制度、养老金制度或税收制度。欧洲各国的社会模式非常不同，若要把这些议题一体化，就是拿社会安定当赌注。除此之外，默克尔还看见一大堆法律和内政方面的障碍，而且这些障碍并非只限于德国，必须重新审视条约，加以修改，并获得国内的通过。于是她决定，各个国家应该有所准备，欧洲各条约的内容不会有太大变动。只要读过她的布吕赫演讲稿，就一定知道她会朝着这个方向迈进。

这就是默克尔的欧洲大计吗？这就是她对于欧洲使命的想象吗？如果她只是像带着福音书一样，随身携带那张纸，她就背离了自己。这不是默克尔的作风，她永远都不会大声宣告，她准备要根据一项不同凡响的计划来援助欧盟。她会缓步向前，因为这事关系重大，涉及一次典型的转移、一场革命。默克尔已经在心中排除了采取共同体的办法，欧洲的各种迫切问题也不再交由一位全权代表来处理。默克尔希望出现一个平行的组织，一个协调各国意愿的地方，一个最高位的经济监督者。这位监督者会在办公室负责理事会主席的业务，同时审视各国彼此商定内容的变化。这项计划还告诉大家，未来的欧洲将以不同的速度前进，有些国家要准备协调，有些则不必。英国已经为第一个步骤做好准备，所以财政协议不适用于英伦三岛。

默克尔为这种关键出击集中力量，希望把她对新规范的想法排进12月的欧洲理事会议程。大家接受了对抗危机的基本原则：改革才拿得到钱，用竞争力取代平等主义。现在要做的是，在尽量减少摩擦的情况下，把改革的积木一块块放进欧洲决策程序中。2012年6月的峰会，在这一点上可算是成功，欧盟相关机构的负责人所提的改革建议已经列入议题。改革小组提出的第一波建议，虽然并未让10月秋天峰会的出席者雀跃，但并不影响继续拟订改革方案。重要的是，改革已被列为各国政府领导人的待议事项，反正到最后该做什么，他们都得自行决定。

新共同体的4根基柱

在10月会议之前，默克尔逐条逐项推销她的理念，并且再次于国会发表政府声明，阐明她对欧盟未来结构的观点。这次演说再一次被尘嚣掩盖下去了，但默克尔还准备第二次出击。过了三个星期，她在欧洲议会演讲，重述了她的计划。

首先，默克尔为新欧洲取了一个名字：稳定联盟——新的共同体应该叫这个名字，并且基于4根柱子。第一，新欧洲需要的共同的金融政策；第二，共同的财政政策；第三，共同的经济政策；第四，更完善的民主制度和治理。有一点默克尔没有明白表达：隐藏于这4根柱子之后的是她对欧盟内权力分配的新想法，一边是一体化的欧洲，一边则是各国共同组成的欧洲。

原则上，各国政府领导人虽然曾为组织银行监管机制产生了激烈的争执，但对第一根柱子已达成共识。整顿过的银行市场、共同的银行监管，以及若银行陷入困境，必须经由保护伞予以保护的统一规定，都属于共同金融市场政策。默克尔的第二根柱子，即共同的财政政策，已经茁壮成长了——财政协议刚刚签订，有了它，欧洲国家就有义务遵守更多的财政纪律。这当中还缺了执行权，假如某个成员国破坏了稳定公约，所有制裁规定可能都拿它没辙，又该怎么办？如果这样，默克尔将很乐意完全授权给货币专员来处理，只不过她还没找到支持这种想法的人。

真正革命性的进步，其实是第三根柱子——共同的经济政策。兰德鲁特结识了受人尊重的执委会前主席雅克 · 德洛尔。德洛尔曾在 1989 年撰写过一篇文章，讲述货币联盟的危险性，他在文中冷静又贴切地指出："要采用共同的货币，各国的金融政策必须具备极高的一致性，而许多其他政治领域亦同，尤其是财政政策。"默克尔希望，社会主义总统奥朗德不会反驳这种认知。依照她的想法，这需要经济政策的互相配合，而且是在最攸关国家主权的地方：就业市场政策和税收政策。因为从 2011 年 9 月那个坐标图中就已经可以看出，这两者就是"问题儿童"。

默克尔也让国会知道，她不赞成将责任转移到执委会。在这方面要顾及“成员国及其国会自行决定的权力，以及制定组织的活动空间”。尽管如此，还是必须规定一种欧洲整体的权力，让各国可以多些一致性，也多些控制。默克尔并未明说她所谓的权力是什么，它可能是成员国可自行创建新的监督平台，远离执委会和欧洲条约。这些构想需要有诱因，所以默克尔答应提供金钱给成员国，并且认为应该创造出一个“团结一致的新元素”，或许是通过公债，甚至是通过金融交易税来供给。如此便可以资助贫困国家，提出改善竞争力的计划。

对于第四根柱子，如果柏林的国会议员们懂得其中的暗示，想必会大吃一惊：执委会应该朝欧洲政府的方向发展，接受强大议会的监督——当然，也只能是欧洲议会了。但默克尔仍然觉得不够，她向欧洲议会演说完毕后，如此表示：“我主张理事会应该要像第二个内阁才对。”之前她接受欧洲几家报纸访谈时，就已经要人记录下来：“那就像是第二个内阁（与执委会并列），由理事会与各国政府领导人共同建立。”

12 月的峰会仍然让默克尔失望，理事会主席赫尔曼 · 范荣佩另外提出了一份完整的改革议程，欧元公债又出现在愿望清单上，又是没有作为就可以拿钱。从这场峰会举行前几个星期到会议期间，默克尔都缺少盟友，她显然已经无法再让同僚们感受到改革有多么迫切。但至少她成功地让一切回归原点，她深得欧洲要领，并且运用自如。

默克尔阐明了自己对欧洲经济规范的看法，欧洲可以选择一个中庸的解决办法，也就是典型的妥协结果，而这将受到强劲的全球化浪潮的考验。或者，欧洲也可以选择严格的改革方案，让这块大陆更具竞争力。

《罗马条约》签署了 50 多年，默克尔在其他场合说过，这在历史上不过是一眨眼的工夫。没有人能够保证，欧洲将一直维持和平与稳定的秩序。正如她对保加利亚总理博里索夫所说的玩笑话：领先的文化力量并不是与生俱来的，玛雅文化最后也衰亡了。衰亡绝非默克尔所愿，她希望和欧洲一起经营出重大的成果，而她也为自己设定了一个目标：只要不支持自己认为不利于欧盟的改革，就没有人能责怪她积极参与了导致欧盟没落的行动。

Angela
Merkel
Die Kanzlerin
und ihre Welt

第 13 章

关于权力

一切都要听她的？

要对默克尔在外交与欧洲政治上的表现下一个公正的评断，目前还言之过早，大概要过好多年才能编制出她的“资产负债表”。即使她位居德国政府最高位已有8年，还是很难分清楚哪些事件属于资产、哪些又算负债。一切都是因为危机：危机又强又大，远远压过了默克尔任期内的种种作为。危机笼罩住默克尔，大小事件层出不穷，希腊和西班牙的困境短期内不会消失，市场气氛日趋紧张，法国正处于战后历史中最艰难的一段自我探索期。

必须等到危机平息，大家才会知道默克尔的作为到底是拯救了欧元，还是导致了欧元崩溃。默克尔身边的幕僚用一贯轻描淡写的态度说：“一旦处置不当，我们会立刻知道；若运作良好，大概要过20年才会被肯定。”默克尔大可独善其身，但她选择冒巨大的风险，为欧洲大陆开了一剂猛药，搞不好连德国自己都要赔进去。这也可以衍生出另一种权衡：危机越是啃蚀欧洲弱国，德国就越能够因为其低税的政策、强盛的经济实力，吸引高级人才，从中获益。这一方面让默克尔在欧洲享有强大的权力，另一方面也使她容易遭受抨击，导致风险升高。万一失败了，就会轰然垮下。

默克尔曾在危机暂歇的时候透露，不断提出强硬的经济政策实在非她所愿。她自己一点儿也不喜欢当这个铁石心肠、唯利是图的人。每当她到葡萄牙、希腊或西班牙访问，总有画着纳粹标志的旗子迎接她，示威者焚烧了贴有她画像的稻草人，她的脸被画上了希特勒的小胡子。不过对于这些她都不放在心上，她倒是可以和自己没完没了地争辩，到底哪一条途径才能走出危机。

通过反复阅读和思考各种论据，她总是能得出同样的结果：到目前为止，没有人为她指出更好的路。危机之初，她是否应该同意拿出大量资金消灾了事？同意欧洲央行无条件分配钞票？同意发行欧元公债或是共同债券？默克尔认为不行，因为没有监管机制就贸然发行欧元公债，可能会造成严重的系统性失误，德国不可能单独扛起欧元国家堆积如山的债务。正如她在2012年重申的，“力量并非无限大”。默克尔深信，欧洲的经济体系可能会因为跟不上全球激烈竞争的脚步，而落得崩溃收场。

到底该节约开支并进行改革，还是该增加举债以防人民受苦？默克尔从不接受举债这种另类选择，这是没有效果的。她只遵循一个前提：

必须保护欧元。她是个有条有理的人，所以从这个主要前提类推，导引出次要前提，然后还有次要前提的前提……比如说必须保护欧元，而且要让欧元在度过危机之后变得更坚挺。或者，必须保护欧元，并且尽可能一起保住 17 个欧元区国家。她一再提到 :“我期盼希腊留在欧元区。”而不是 :“无论有多大险阻，都要让希腊留在欧元区。”

默克尔想为自己留下后路，希腊不能退出欧元区，但要是真的退出了，那么她至少要有论据可以说明，为何必须长期保住希腊，以及为什么尽可能让希腊晚一点儿与欧元告别对欧元区其他国家最有利。就算留不住希腊，至少也要能控制住危机对欧元造成的影响。默克尔以这种思考路径，界定出她做出决策所要达到的成果。她向来希望自己的论据多过反方，希望自己站在更有把握的那一边。

一定要贯彻意志

默克尔对外显得自信心十足，其实她的内心自始至终都带着疑惑。2012 年年初，她似乎拥有了光芒四射的形象——《画报》杂志把她捧上了天，塑造出危机已获得控制的形象。之后，欧洲央行在夏天通报，只要条件成熟，将无限量收购欧元国公债。整体气氛太过乐观，默克尔也察觉到危机国开始松懈。

希腊其实早就该签订节约方案，却花了半年讨价还价，在这段时间又累积起新的债务。默克尔的疑虑果然应验，欧元并没有因为一纸财政协议或欧盟架构蓝图而就此获救，欧元的命运与希腊这个小国的命运同步起伏。

2012 年秋天，外界指责默克尔隐瞒实情：希腊欠下的债务大概永远都还不清，欧洲富国及德国必须填补这笔账目。但默克尔不打算同意(或者应该说尚未同意)，她再次把短期贷款改成长期贷款。这等于是在大大鼓励希腊，而且其他问题国家也可能会模仿先例。此外，默克尔也需要靠这场危机，贯彻她的新欧洲计划。压力一减轻，欧洲就不会成立共同的经济主管机构。

有时默克尔会问自己，为什么她被赋予了无上的权力。但她在危机发生的这几年，其实还是受到不计其数的牵制：德国内政、宪法法院、选举、政党轮替、欧盟中的结盟不稳定，而默克尔一直都非常信赖她的联盟伙伴。说不定法国总统换人反而会成为危机第三阶段最棘手的问题。默克尔本可因为找到了萨科奇这位盟友，在欧洲长期称霸——欧洲还没有一项政策可以抵抗德国与法国联合起来的力量。

然而情势急转直下，奥朗德当选法国总统，默克尔突然少了那股不可或缺的平衡力量，无法将其意志贯彻于欧洲。法国总统大选期间，默克尔犯了一个错误，她想为朋友萨科奇助选。这一点，奥朗德可不会这么快就忘了。竞选政见以及支持者的期待，像一张网罩住了奥朗德，他对于解除危机的看法与默克尔的政策南辕北辙。奥朗德当选几个月后，默克尔在跟亲信圈子谈话时还是称他为“对方”，两人关系之紧张溢于言表。

默克尔的导师科尔总是谆谆嘱咐说，德国总理在面对法国时要姿态放平，站在法国国旗面前最好鞠两次躬，但默克尔并不认同，她相信自己对危机的分析无误。若要让欧洲保有实力与中国和东南亚竞争，不让欧洲大陆的经济与人口成长陷入停滞，她就不能对奥朗德让步。这是她真正的动机，是她所有动力的来源。欧洲人口占世界人口的 9%，产值占世界总产值的 25%，却负担了全球 50% 的福利支出。这种情况还能持续多久？

难道默克尔必须多奉承一下奥朗德？她绝对不是那个操南德方言、平易近人的科尔。她宁可继续大家熟知的权衡游戏，评估各种优缺点，提出要求，施加压力，最终若能从中得到些成果，才会做出妥协。默克尔把希望寄托在时间上，时间成了她最密切的盟友。等到市场响应了奥朗德那没有前景的经济政策，他也将感觉到时间的价值。

默克尔的理性政治风格，有个特点让人特别难耐：逻辑推演到底要推到何处？思考和反思可以把人带向哪里？会不会因为反复权衡风险，而错过了大胆作为，甚至是退出的绝佳时机？危机侵蚀着众人，战后历史中只有少数议题像这样持续考验着公众的耐性。再怎么推敲也总该有个结果吧？但理性的默克尔不会随便松口，她只是提醒大家耐心地等下去。

民众惶惶不安，希望知道要付出什么代价，或是想听到权威的声音。但默克尔不会说："好了！就这样！"她跟施罗德恰恰相反，不会做出冲动的决定，其实情绪化表现反而会让民众觉得危机还可以忍受。也许默克尔就是太过谨慎，才会迟迟不出牌，其实她早就该下定决心，譬如对希腊表现出不屑一顾的态度。

只参与一定会赢的辩论

一位相当了解默克尔的幕僚说，她是完美的"后政治型"政治人物。这种说法是一种肯定，因为政治舞台上满是后政治型的政治人物。后政治的意思是不预设立场、不受驱使、不僵固于信念、灵活有弹性、会等待正确的时间点。德国的政治体系规范严谨，任何意识形态都会立刻被吞噬，在这样的体系中，后政治的特质不算坏事。

遇到争议性的议题，默克尔会暂且略过，先交给其他人处理。例如，联邦国防军改革，就交给了古滕贝格；利比亚惨败，则交给韦斯特韦勒；联邦政府强推的军火外销政策，埋藏在有保密义务的联邦安全理事会内。默克尔不喜欢牢不可破的互动关系，就算有（譬如以色列），她也会谨慎地把关系放松。当内塔尼亚胡的屯垦政策开始越来越过分，默克尔就让他感觉到，她变得冷淡了。2012 年 11 月，巴勒斯坦向联合国争取提升合法地位，德国就没有支持以色列，让内塔尼亚胡深感受创。默克尔至今都没有给出明确的阐释，在德国与以色列的关系中，“国家利益”这个词到底代表什么意思。

即使是默克尔这样个性坚强、永不懈怠的工作狂，时刻身处非比寻常的密集危机之中，也会心力交瘁。默克尔在总理府内变孤独了，跟科尔、施罗德时代比起来，更能让人强烈地感受到这一点。她拒绝外部建议，因为之前有过太多不好的经验；她绕过党的层层节制，直接与基层谈话；基民党中老一辈被冷落于一旁，新生代的领导人才出现断层。她没有强烈的党派性格，因此乐于采取一种基本是为她量身打造的政治风格：理性、技术导向、分析、精于权力谋略的人、后政治型政治人物，都是如此。在默克尔的世界里，不容许有大声张扬的策略家。

有位瑞士政治观察者这样评论默克尔，说她代表了专家治国、政治稳定的期望，实现德国人最渴望的“只要和谐，不要冲突”的意志。反对派愿意放手让默克尔适应危机，并在战争与和平的复杂议题上支持她所勾勒的政策。由此看来，这种观察并非全错。德国的外交突然变成了促成德国人团结的因素；在艰难时局让国家保持向心力，仿佛成了国民应尽的义务。

又或者，其实是默克尔的强势让所有人都跟随她的路线，除了她的路线别无选择？真实情况是，所有阵营都畏惧站在门口的欧元怪兽，都担心要向民众公布债务总额的那一刻。即便如默克尔这般理性，她也知道会有这么一刻，但她希望至少到了那时候，这个数字多少对她有利，让她可以说：我尽力了，其他选择都对国家没好处。

默克尔的风格也决定了她的权力。默克尔的权力意识非常深，她会严格控制不属于自己系统的人。她是后政治型人物，不会把意识形态当成权力准则，所以不要求别人忠于特定的意识形态，而是要求实质的忠诚，也就是要和她一起进行逻辑辩证、理性思考与评断论点。要是对方的论点强而有力，她会立刻找到更强的立论，或者将对方的论点纳为己用。普京就是这样和她辩论的，默克尔只接受他人以这种形式挑战她的权力；若有人想靠意识形态或无理态度来压过她，都会被列入拒绝往来的黑名单，她不接受这样的辩论。

这就是默克尔权力的秘密：只参与她认为最后一定会赢的辩论。金融危机期间，有些银行经理人侵害了国家权力，还得意扬扬地以为自己立于不败之地，气得她暴跳如雷。于是，她思索着给其以教训，但不会直接表露，也许要等几年之后才出手。可以确定的是，默克尔绝不容忍被轻视，也不会忍受被压迫，尤其是在自己的阵营里，无论是党内或总理府。若是哪位部长未能善尽职责，不假思索在她面前夸下海口，他就玩完了。

她将留下些什么？

默克尔不喜欢赤裸裸地展示权力，她不会咆哮怒骂，只会静默不语；她也不会拍桌子，而会一连几天挑灯夜战，累坏反对者。她认为，要是需要在国会举行信任投票，就表示自己的力量已经减弱。若有朝一日不得不这么做，那便是该离开的时候了。

2012 年夏天，默克尔的执政联盟在攸关欧元的重大表决上，并未全部支持欧洲稳定机制，不过她并没有因此辗转反侧。在反对党的支持下，她以 2/3 多数跨过法定门槛。若两方票数展开拉锯战，执政联盟中意见不同者可能就更会跑票。最重要的是要维系各党派共识，其他问题都没那么重要。

欧债危机是对默克尔权力的最大挑战，她无法真正掌握对手，有太多不确定的因素，有太多人可以决定比赛该如何进行。她只能确定自己的命运将取决于事件与人，比如她在 2013 年国会大选中胜选，盟友自民党却跨不过分配席次的门槛。希腊内阁，西班牙总理，或法国下次发行公债后的金融市场……她很确定，决定命运的日子一定会在最意想不到的时候来临。然而，默克尔又留下了什么?

默克尔以强硬的危机处理政策，将德国转入一个崭新的角色，让这个位于欧洲中心的独行侠在欧洲迈向联合这 50 多年来，遭遇了前所未有的敌意，同时也受人羡慕，因此默克尔在欧洲许多地方并不受欢迎。法国的奥朗德没有魄力改革，又忽视了势不可当的全球化趋势，难以和德国分庭抗礼。所以德国及默克尔的强势，其实无可厚非，然而欧洲各国力量不均，毕竟有其危险性。

倘使默克尔有意通过强固的共同经济主管机构、银行监管机制以及更理想的民主监督，建立起一个新的欧洲，那么她也必须清楚地告诉德国人，他们将受到一个新制度的治理。假使哪天德国破坏了游戏规则，新制度对德国同样不会宽待。

重要的是，其他欧洲国家必须自立自强，不让欧洲出现一枝独秀的新强权，这不利于目前所需的力量均衡。默克尔不应把新欧洲变成德国，这样一定行不通。假如只强调生产力、单位劳动成本以及勤奋早起，将不会为欧洲大陆和她自己的国家带来任何好处。但欧洲必须明白，一旦破坏了共同的游戏规则，就会危及富裕、自由及安全。

默克尔在与亲信圈子相处时，显得一派气定神闲、心平气和。她治理国家的时间超乎当初的预期，想当初 2005 年的大选之夜，还不确定会不会胜选，结果默克尔现在依然在治理国家。

可以肯定的是，即使她总理任期只到 8 年为止，成绩也绝对值得尊敬，她之前的几位总理都没有这么好的表现。外界认为她在第三个任期可以好好施展雄心壮志，但从连任的第一天起，她心里就很清楚，自己的时间快用完了。默克尔是一个十分务实的人，危机四伏这几年，她付出了很大的代价，为了执政耗损掉了不少人才。

默克尔知道自己累积了许多政治资本，可以考虑在关键时刻一次性全押，这也许是口袋里的欧盟架构蓝图碰到极大阻碍之时。不过这也可能只停留在“想要这么做”的阶段，因为默克尔永远都是默克尔，有策略、小心谨慎，只在不会有危机的情况下才会冒险。

她会留下什么？答案是卓越的洞察力。这个来自滕普林的女孩，凭借其卓越的洞察力成为外交政治家。她可能是实力最强的一位，同时也绝对是联邦德国有史以来最有权力的一位。默克尔应该对自己感到满意了，她不仅圆了少年时想要见识世界的梦想，更多去了解世界，还把握了世界的政治命脉。

有一天，大家会厌烦默克尔的风格；有一天，党内将不再支持她(这些事科尔都曾经历过)，届时大家将会看到默克尔卸下总理的职务。当时代潮流转变之时，就是默克尔谢幕之际。

后记

默克尔很清楚自己的形象有多少价值，也知道引人注目的光环很快就会退去。每天通过放大镜观察的人，会培养出灵敏的嗅觉，自己的市场行情是好是坏，他们清楚得很。默克尔缴了多年学费，当年她刚在波恩政界出道就当上了部长，成为镁光灯的焦点，但讥讽与嘲笑也随之而来，如巨浪般打在她身上："天啊，这位东边来的女士，发型、服装……"这些闲言碎语，让默克尔承受了很长一段时间，她想证明自己没有浮华的外在照样能做好工作。这实在很有勇气。多年来，有太多次访谈拿这些事做文章，她都放弃了，默认演出是工作的一部分。她身为女性所承受的压力，想必远远大过那些打着乱七八糟的小碎花领带，或者顶着花花公子发型的男性政治人物。

默克尔用理性学习政治，也学会了坦然接受公众人物的生活。刚开始那几年，她很不习惯照相，公开亮相时还显得有些害羞。现在她都习惯了，唯独站在广大群众面前接受疯狂的掌声洗礼，还是会让她很不自在，或许是因为她不太想看到自己置身于欢呼的人群之中吧。她喜欢独处，不喜人多热闹的大场面，这似乎也反映了她的成长背景。默克尔会特别注意自己在公开场合说的话，以及被拍摄的照片。她的第一位政府发言人威廉教会她如何摆拍，让照相机拍出更好的画面。美国白宫绝对不会把总统摆在没设计过的照相角度。德国总理府虽不至于如此，但联邦新闻部还是会留神，要求媒体拍出好照片。要是又有摄影记者粗鲁地挤过走廊，或者贸然蹲下来拍照，她就会大声呵斥。

默克尔除了严格控管照片，也会严格审核讲稿与访问稿。她和前几位总理一样，喜欢畅所欲言，而且没有草稿的时候更能展现自己的口才，若事先拟稿，听起来就很生硬又不自然。她会亲自检查访问稿，可以说到了吹毛求疵的程度。在不受拘束的讨论、谈话性节目，或者没有麦克风的小团体中，她表现得最好，因为这时可以好好发挥自己的机智反应，不必担心戏谑的玩笑话遭到误解。第一次在这种亲密圈子里和她会晤的人，都很喜欢这样的默克尔。记者如果想让默克尔详谈一件事情的来龙去脉，聪明的话就不要打开录音设备，尽可能全都记在脑子里。她只要知道自己是在安全的气氛下，便会有什么说什么。她刚面对群众的那几年，还算相当健谈，不太有顾虑，现在的她则会精准地拿捏分寸。

这尤其适合用来观察她的政治内心世界，特别是她的过往。刚担任总理时，只要有人探究她在民主德国时代的过往，她就会立刻表示出强烈的抗拒。她有过不愉快的经验，许多媒体都把重点放在她的人生经历上。直到近几年她才比较愿意敞开来谈。说来有点儿讽刺，这或许是因为她察觉到国外对此有高度的兴趣，而且许多西方人对民主德国时代也不那么熟悉。

这本书以经验与观察为基础，是我多年来近身采访默克尔以及多次会晤默克尔及其重要幕僚的成果。本书密集访谈 20 多位关键人物，全都是影响默克尔外交决策的重要人物，其中多位受访对象与我有多年友谊。几乎每一位受访对象都希望匿名，毕竟涉及公开评论目前仍在位的总理，这也是情理之中的要求。

此外，笔者通过默克尔总理就任以来发表的一系列谈话、接受的访问以及各种评论分析，推演出默克尔的外交世界。可以参照的数据很多，但要下定论还言之过早。关于欧债危机的结局、默克尔政治生涯的基调，大家要再等几年才能彻底评判。然而，欧债危机让默克尔大权在握，使国外媒体频频探求她的信念以及动机。在此之际，梳理她的外交世界可以说相当重要。

想认识从前的默克尔，就必须阅读她担任总理之前的相关书籍和文献。这并不是说她今天变成了另外一个人，恰恰相反，默克尔十分忠于自己，她之前的总理在任上 7 年之后，大多因为权力而改变很多。但今天默克尔再也不会像和克尔伯尔说话那样，心里怎么想，嘴上就怎么说。克尔伯尔在1991~1998年，每年深入访谈不同的公众人物，以文字和照片记录下他们的转变，因此留下许多重要人物的报道，不单只是针对默克尔。

除了克尔伯尔的书之外，有三本传记一定要提，因为书中描绘了默克尔早年的生活故事、性格特征以及最初几年的从政生涯：《南德日报》记者伊夫琳·罗尔（Evelyn Roll）所著的《这个女孩与权力》（*Das Mädchen und die Macht*）、《第一位》（*Die Erste*）、《女总理》（*Die Kanzlerin*）。另外值得参考的还有政治学者格尔德·朗古特（Gerd Langguth）的《安格拉·默克尔》（*Angela Merkel: Biographie*），以及记者雅古利娜·博伊森（Jacqueline Boysen）的《默克尔的政治生涯》（*Angela Merkel: Eine Karriere*）。默克尔第一次参选总理前不久，与记者胡戈·米勒–佛格合著了谈话录《我的道路》（*Mein Weg*），在书中谈了许多自己的故事和思想。记者玛格丽特·黑格尔（Margaret Heckel）赶在2008年雷曼兄弟公司破产后，写了一本采访报道集《女总理治国之道》（*So regiert die Kanzlerin*），让人了解政府的运作。记者豪约·舒马赫（Hajo Schumacher）的《权力十二法则》（*Die zwölf Gesetze der Macht*）以及迪尔克·库尔布伟特（Dirk Kurbjuweit）的《默克尔，全民总理？》（*Angela Merkel: Die Kanzlerin für alle?*）则透彻分析了她的政治风格与思想。